见识城邦

更新知识地图　拓展认知边界

SILENCING
THE PAST

沉默的过去

Power
and the Production
of History

权力与
历史生产

Michel-Rolph Trouillot
[美] 米歇尔-罗尔夫·特鲁约 著 武强 译 王佳碧 校译

中信出版集团 | 北京

图书在版编目（CIP）数据

沉默的过去：权力与历史生产/（美）米歇尔·罗尔夫·特鲁约著；武强译.--北京：中信出版社，2023.3
书名原文：Silencing the Past：Power and the Production of History
ISBN 978-7-5217-4992-2

Ⅰ.①沉… Ⅱ.①米… ②武… Ⅲ.①史学理论 Ⅳ.①K0

中国版本图书馆CIP数据核字（2022）第250981号

Silencing the Past: Power and the Production of History
© 1997, 2015 by Michel-Rolph Trouillot
Published by arrangement with Beacon Press
Simplified Chinese translation copyright © 2023 by CITIC Press Corporation
ALL RIGHTS RESERVED
本书仅限中国大陆地区发行销售

沉默的过去：权力与历史生产

著　者：[美]米歇尔-罗尔夫·特鲁约
译　者：武　强
校 译 者：王佳碧
出版发行：中信出版集团股份有限公司
　　　　　（北京市朝阳区东三环北路27号嘉铭中心　邮编 100020）
承 印 者：捷鹰印刷（天津）有限公司

开　本：880mm×1230mm　1/32　印　张：8.25　字　数：117千字
版　次：2023年3月第1版　印　次：2023年3月第1次印刷
京权图字：01-2019-7980
书　号：ISBN 978-7-5217-4992-2
定　价：68.00元

版权所有·侵权必究
如有印刷、装订问题，本公司负责调换。
服务热线：400-600-8099
投稿邮箱：author@citicpub.com

> 我很清楚,叙述者和行动者的声望绝不是平等的。
>
> ——撒路斯提乌斯,《喀提林阴谋》
> (Sallust, *History of Catiline*)

目 录

前 言　i

致 谢　vi

自 序　xiii

第一章
故事中的力量　1

第二章
Sans Souci 的三副面孔——海地革命的荣耀与沉默　42

第三章
一段难以设想的历史——被忽视的海地革命　95

第四章

祝你好运,哥伦布　149

第五章

过去中的在场　197

后　记　215
索　引　219
译后记　233

前　言

> 历史是权力的果实，但权力本身从来没有透明到对它的分析变得多余。权力的终极特征可能是它的隐蔽性；（历史的）终极挑战，则是揭示权力的根源。
>
> ——米歇尔-罗尔夫·特鲁约（Michel-Rolph Trouillot）

那是在2013年的春天。阳光从耶鲁大学美术馆的窗户照射进来，我和同事劳拉·韦克斯勒（Laura Wexler）站在那里。我们正等着全体教员和学生聚在一起，参加我们即将为所有修习美洲研究的博士课程的学生开设的一门新课程：一个将跨学科和多学科方法、观点和分析纳入其学术研究的实践论坛。有两位教授负责这门课程，一位是人类学家，另一位是历史学家。劳拉和我的研究被划入文化研究的类型，所以在"田野考察"和"档案分析"的课程之后，我和劳拉负责一门叫"文本解读"的课程。在研习班的画廊中，我们被艺术品包围，这些艺术品在本科课程中用于展览，每学期我们都为研习班的研究生挑选一件作品。这一次，我选择了埃伦·加拉格尔（Ellen Gallagher）[1]创作的，由六十幅油画组成的《豪华》（*Deluxe*）（2004—2005），它占据了整面墙；劳拉则选择了一幅由黎安美（An-My Lê）[2]创作的，华丽的明胶银版画，作品名为《营救·小规模战争系列》（*Rescue, from the series Small Wars*）（1999—2002）。

米歇尔-罗尔夫·特鲁约的著作《沉默的过去：权力与历史生产》与这些令人惊叹的艺术作品有什么关系？答案是，在所有方面都有关系。从事不同的知识领域研究、来自不同的地理环境、开展合作教学的两位教师，很难就他们教学课程的特定阅读书目达成一致。然而，劳拉和我立即同时同意，有一本书，我们希望所有参与研讨的成员不仅为我们的讨论课而阅读，也

---

[1] 埃伦·加拉格尔，美国艺术家，1965年出生于罗得岛州，是20世纪90年代中期以来北美最受认可的当代艺术家之一。她华美复杂和极具想象力的艺术作品展示出了许多艺术大师所需要具备的细节和才华。——译者注

[2] 黎安美，美籍越南裔摄影师，出生于1960年，15岁时以政治难民的身份移居美国。她的摄影作品探索了战争的种种表现、结果和对人、对社会的影响。无论是她的黑白照片还是彩色照片，都展现出自然景观与战场暴力之间的张力。黎安美的摄影项目包括《越南》（*Việt Nam*）（1994—1998），试图展现饱受战争摧残的乡村记忆与当代景观互相和解的过程与结果；在第二个项目《小规模战争》（*Small Wars*）（1999—2002）中，黎安美参与并拍摄了在南卡罗来纳州重演越战的活动；在之后的一个项目《29棵棕榈树》（*29 Palms*）（2003—2004）中，她记录了美国海军陆战队在加州沙漠预备部署的一个虚拟的中东游戏场景。这三个项目被整合为一本叫作《小规模战争》（*Small Wars*）的摄影书，并由光圈基金会（Aperture Foundation）出版。——译者注

要为他们自己反复阅读而购买，这本书就是《沉默的过去》。我们的目标是让学生思考"领域"、"档案"和"文本"等问题；使他们能够理解被表述出来的政治，理解他们所读和所见之间关系的复杂性和微妙之处，理解这种关系的本质即权力关系。因为正如特鲁约所说："历史表述的载体，无论是书籍、商业展览还是公共纪念，不能仅仅被视为传播知识的工具。它们必须与这些知识建立某些联系。"

许多学者称赞米歇尔-罗尔夫·特鲁约在人类学和历史学领域做出的贡献，以及对加勒比研究的学术思想和全球化理论的贡献。我在课堂上引用了一段逸事，来强调特鲁约的工作突破了这些学科的和批判的框架，在框架外具有相关性、影响力和学术的力量。他对沉默何时进入历史生产的四个时刻的法医式的分析，揭示了历史与权力的纠缠，这种纠缠不仅适用于档案，还主导着历史被证实、被认可和被组织成知识领域的过程和实践。对特鲁约来说，历史总是物质的；它从身体、文物、对事件起重要作用的人或事物、行动者和受众开始。他对过程、生产和论述方式的强调，着眼于历史生产的许多地点：学校、媒体以及被各类参与者动员起来的大众历史。

历史是什么并不重要，重要的在于历史是如何运作的。他认为，历史叙事的产生，不应该仅仅被当作一种沉默的年表来研究。在《沉默的过去》这部著作中，我们学会了如何鉴别似乎是共识，但实际上掩盖了冲突的历史的东西；我们也了解到，沉默出现在叙述者之间、过去和现在之间的那些冲突的间隙之内。沉默中蕴含着很多种形式的过去。这本书以一段回忆开头，它把特鲁约定位在一个非常特殊的时间和地点、一个家庭、一个共同体、一个地方：在杜瓦利埃恐怖统治下的海地，在那里他了解到人们可以成为"他们创造的种种过去的顺从的人质"。在书的结尾处，愤怒的人群将一尊哥伦布雕像扔进大海，特鲁约思考了一个问题，即在一个位于大西洋西侧的、识字率最低的国家里，历史如何运作。

《沉默的过去》自1995年首次出版以来，一直是我为学生们指定的必读参考书，我在自己的作品中也不断地提到这部作品。我唯一的遗憾是，我从未见过米歇尔-罗尔夫·特鲁约本人。但我欣赏他的话语，他的挑衅性问题，他的洞见，在我满足于"想象迫击炮下的那些生命"的时候，这些话就会刺痛我的良心，让我想起特鲁约还会质问我们如何去"意识到无底的沉默的终点"。

对特鲁约来说，"过去"的最紧要之处在于它对"未来"——过去向未来转变的"过程"——的影响。《沉默的过去》提供了应对有关"过去"的知识中那些权力不平等的各种策略。我们学会如何重新定位有限的证据以产生新的叙事，如何使沉默为自己辩护以对抗那些史料、档案和叙事中权力的各种不平等。我们需要让这些沉默发声，并在此过程中对未来提出要求。因为，正如特鲁约警告的那样，"当我们中的一些人还在争论历史是什么或曾经是什么的时候，另一些人却一直把它掌握在自己手中"。

黑泽尔·薇薇安·卡比（Hazel V. Carby）[1]

---

[1] 黑泽尔·薇薇安·卡比，1948年1月生于英国，现为美国耶鲁大学 Charles C & Dorathea S Dilley 教授，代表作有：*Reconstructing Womanhood: The Emergence of the Afro-American Woman Novelist*. New York and Oxford: OUP, 1987; *Race Men: The W. E. B. Du Bois Lectures*. Cambridge, Mass. and London: Harvard University Press, 1998; *Cultures in Babylon: Black Britain and African American*. London and New York: Verso, 1999 等。——译者注

致　谢

我曾经以各种各样的形式，带着这本书去了那么多的地方，以至于我根本无法衡量一路累积的教益。我在纸上和软盘上无法充分记录为什么一个特定的场景变成了**浮雕**，或者某个特定的论点变成了我的论点。

时间并不是我无法追忆所有情义的唯一原因：这本书位于情感和知识的交汇处，它跨界又开放，将它们结合在一起。恩斯特（Ernst）和埃诺克·特鲁约（Henock Trouillot）在他们的一生中，以及他们的在天之灵，都以一种既澄明又错综复杂的方式影响着这项工作。我无法确定自己什么时候开始对历史生产感兴趣，但第一个令我有意识的标记，是我对他们与卡茨·普莱索瓦（Catts Pressoir）合著作品的精读，这是我读的第一本史学著作。他们和在他们之前的其他海地作家仍然是有特权的对话者，他们处在一个由亲戚和朋友组成的传统知识共同体的边界上。在这个知识界的生活中心,米歇尔·阿卡西亚(Michel Acacia)、皮埃尔·布托(Pierre Buteau)、让·库仑杰斯(Jean Coulanges)、莱昂内尔·特鲁约(Lyonel Trouillot)、伊芙琳·特鲁约-梅纳尔(Evelyne Trouillot-Ménard)和德雷塞尔·伍德森(Drexel Woodson)(他们与我关系太近,又与海地关系太密切,不能不将他们纳入这个家庭)为我提供了灵感、评论、建议和批评。我明白,仅仅通过这些文字无法表达对他们的感激,但我只能尽量去做到。

1981年,我开始把历史生产作为一个单独的话题来写。1985年,当戴维·W.科恩(David W. Cohen)邀请我参加历史学与人类学国际圆桌会议时,其中一些文章引发了一场跨越大陆的辩论。我参与了圆桌会议,与包括科恩在内的其他与会者进行了持续而富有成果的交流,这影响了我对这里所讨论的一些问题的理解。第一章和第二章是我最初为第5次和第6次国际圆桌会议准备的文章,收入此书时均做了部分修改。这两次圆桌会议分别于1986年在巴黎、1989年在拉斯维加斯百乐宫酒店(Bellagio)举行。

另一个学术共同体——约翰斯·霍普金斯大学使这本书的诞生成为可能。在过去的6年里,霍姆伍德(Homewood)校区为我提供了各种便利条件,满足了我为检验奇思妙想而提出的最苛刻的要求:研究生和教员研讨会,以及最难说服的听众——学生。在我的理论课上，在"世界的角度"研讨班，在我与莎拉·贝瑞（Sara Berry）共同开设的关于人类学和历史学方法论的研讨班，以及在文化、权力和历史学全球研究所开设的非专题研讨班，经常性的对话帮助我找到恰当的表述方式，书中的许多思想得以展现。我的同事莎拉·S.贝瑞一直是一位慷慨的学术伙伴，她是激发灵感的思想之源，也是一位尖锐的批评者。她的表述方式帮助我阐明了我的一些观点。在本书逐步成熟的这些年里，我在人类学系的同事们都是支持我的朋友和日常对话者：艾顿·伯科维奇（Eytan Bercovitch）、吉兰·费里-哈尼克（Gillian Feeley-Harnik）、阿什拉夫·加尼（Ashraf Ghani）、尼鲁法·海瑞（Niloofar Haeri）、艾米丽·马丁（Emily Martin）、西敏司（Sidney W. Mintz）、凯瑟琳·维德里（Katherine Verdery），还有最近加入的阎云翔。西敏司渊博的知识大大丰富了本书的第四章。尼鲁法在诸如论据之类的语言问题上，给予我以指导。凯瑟琳则评论了各个章节的不同版本。就在我快写完的时候，布拉克特·F.威廉姆斯（Brackette F. Williams）搬了进来，不过他的到来已经足够让我和往常有所不同了，尤其是在第五章。我们第三次成为邻居；学术格局也第三次发生了变化。

我从我的学生们那里受到的启发，比他们从我这里学到的还要多，他们是来自不同班级的本科生，特别是人类学和历史学专业的博士研究生,他们和我一起研究历史生产的相关问题。帕梅拉·巴林杰(Pamela Ballinger)、阿普丽尔·哈特费尔德(April Hartfield)、弗雷德·克莱茨(Fred Klaits)、基拉·科斯尼克(Kira Kosnick)、克里斯托弗·麦金太尔(Christopher McIntyre)、维兰吉尼·穆纳辛哈(Viranjini Munasinghe)、埃里克·P.赖斯(Eric P. Rice)、哈南·萨比亚(Hanan Sabea)和纳塔莉·扎切克(Nathalie Zacek)等人,对我本人各种观点的反应,以及对该书部分内容的具体评论,迫使我重新审视那些我曾认为是显而易见的观点。

本书部分内容的早前版本曾经发表在《大众文化》(Public Culture)和《加勒比历史杂志》(Journal of Caribbean History)上。我感谢两家期刊为我提供了发表这些早期文章的机会,并允许我在此再版。我也曾经在许多学术会议上发表了本书的部分篇章:历史学与人类学国际圆桌会议,"海地革命与法国大革命"会议(海地,太子港,1989年12月12日),以及哈佛大学、密歇根大学、宾夕法尼亚大学、约翰斯·霍普金斯大学等举办的各种研讨会。在每一次会议中,我都从趣味盎然的讨论中获益。特别值得感谢的是科恩、若昂·德让(Joan DeJean)、南希·法瑞斯(Nancy Farriss)、多萝西·罗斯(Dorothy Ross)、多瑞斯·索莫(Doris Sommer)、瑞贝卡·斯科特(Rebecca Scott)和罗威廉(William Rowe)等,因为他们让这些相遇成为可能，并且令我收获颇丰。我还要感谢上文提到的各个机构，以及巴黎的人文科学之家，还有共同赞助圆桌会议的哥廷根马克斯·普朗克研究所（Max Planck Institute）。

许多机构为本书的研究、写作和编辑工作提供了支持：国家人文中心、约翰·西蒙·古根海姆基金会、伍德罗·威尔逊国际学者中心和约翰斯·霍普金斯大学。特别要感谢查尔斯·布利策（Charles Blitzer），他两次都慷慨接待了我。

许多人与我密切合作完成了本书的最终版本。伊丽莎白·邓恩（Elizabeth Dunn）提供了记忆方面的研究帮助，并对第一章进行了评论。安妮-卡琳·特鲁约（Anne-Carine Trouillot）的评论自始至终都很有用，她的帮助对第四章至关重要。瑞贝卡·本尼特（Rebecca Bennette）、纳德夫·梅纳德（Nadeve Menard）和希尔伯特·申恩（Hilbert Shin）对最终草稿的各个部分进行了评论，并在研究和最终的写作与编辑过程中给予我帮助。特别感谢他们没有频频表现出不耐烦。特别感谢希尔伯特·申恩保证了我的研究时间。多亏了我在灯塔出版社（Beacon Press）的编辑黛布·查斯曼（Deb Chasman），她对图书的悉心呵护使本书得以成形。她那非凡的耐心，她那富有感染力的热情，以及她的密切配合，使这本书得以圆满出版。感谢温迪·斯特罗斯曼（Wendy Strothman）、肯·王（Ken Wong）、提莎·霍克斯（Tisha Hooks），以及灯塔出版社团队的其他成员，也感谢向我分享你们的热情。热烈感谢马洛·伯根多夫（Marlowe Bergendoff）敏锐的审稿。

这些彼此有交集的劳动、兴趣和情感形成一个共同体，无论是在这个共同体的内部还是外部，许多人以不同方式给予了帮助。从一个模糊的建议变成了一条重要的线索，从一篇谨慎的书面评论到一份剪报，或者一份他们特意煞费苦心为我挖掘出来的文献，这些都已经使本书在出版时与最初相比有了微妙但重要的差异。其中一些人我还没有说出他们的名字。还有其他一些人将会被特别提及。阿尔君·阿帕杜莱（Arjun Appadurai）、帕梅拉·巴林杰、莎拉·贝瑞、卡罗尔·A. 布莱肯里奇（Carol A. Breckenridge）、皮埃尔·布托、科恩、琼·达扬（Joan Dayan）、帕特里克·德拉图尔（Patrick Delatour）、丹尼尔·埃利（Daniel Elie）、南希·法瑞斯、弗雷德·克莱茨、彼得·休姆（Peter Hulme）、理查德·卡根（Richard Kagan）、阿尔伯特·曼各内斯（Albert Mangones）、汉斯·梅迪克（Hans Medick）、西敏司、维兰吉尼·穆纳辛哈、米歇尔·奥莱尔（Michel Oriol）、G. J. A. 波科克（G. J. A. Pocock）、埃里克·P. 赖斯、哈南·萨比亚、路易斯·萨拉-莫林斯（Louis Sala-Molins）、杰拉尔德·赛德（Gerald Sider）、加文·史密斯（Gavin Smith）、约翰·索顿（John Thornton）、安妮-卡琳·特鲁约、莱昂内尔·特鲁约、凯瑟琳·维德里、罗纳德·沃特斯

（Ronald Walters）以及德雷塞尔·伍德森，他们以各种方式对这本书做出了贡献。可以理解的是，虽然有他们的付出，以及其他人的奉献，但这本书也许并不如他们最初想象的那样完美。

此处我以向家人致谢开篇。我也会在这里以此结束。我的舅舅吕西安·莫里塞特（Lucien Morisset）在圣保罗·德·旺斯（Saint-Paul de Vence）为我提供了一个非常需要的、田园诗般的休养所，在那里，本书第一章定稿，而这本书也在那里最终完稿。安妮-卡琳和卡内尔·特鲁约（Canel Trouillot）提供了工作的环境和工作之外的环境。他们为这本书和其他探索增添了意义。感谢他们的陪伴，感谢他们在家庭中为我缓解了用第二语言写作的痛苦并增加了一意孤行的快乐。

自　序

　　我成长在一个充满历史学氛围的家庭中。我父亲一生从事过许多相似的职业，这些职业都不能单独定义他，但其中大部分都浸透了他对历史的热爱。在我十几岁的时候，他在海地的电视台做了一个定期节目，探讨这个国家鲜为人知的历史细节。这个节目很少让我感到惊讶，因为我爸爸给观众讲的故事和他在家里讲的没什么不同。我把其中的一些写在发黄的卡片上，这些内容被收录在一本我父亲从未完成的关于海地历史的大部头传记词典。后来，他担任我的高中世界史老师，在他的课上，我比同学们更加努力学习，以取得及格的成绩。他的课尽管一如既往的好，却永远无法和我周日在家学到的相比拟。

　　每个星期天下午，我父亲的弟弟——我的叔叔埃诺克都会来做客。他是我认识的少数几个靠研究历史谋生的人之一。他名义上是国家档案馆的负责人，但写作才是他真正的爱好，不过他发表历史研究成果的速度太快,他的成果发表在期刊、报纸上,或是出版图书,有时通过他喜欢的媒介公开,大多数读者无法跟上他的步伐。每逢周日,他都会和我父亲讨论,检验自己的想法,对我父亲来说,随着他的律师执业范围的扩大,历史越来越成为他唯一的业余爱好。兄弟俩经常发生分歧,一方面是因为他们对世界的看法完全不同,另一方面是因为他们在政治和哲学上的分歧加剧了他们这种相爱相杀的仪式。

周日下午是特鲁约兄弟固定的"举行仪式"的时间。历史是他们既表达关爱又表达分歧的外壳——埃诺克夸大了他的波希米亚浪漫风格,而我父亲则强调资产阶级理性。他们评价那些亡故已久的海地人或是外国人,就好像在谈论邻居似的。这些人并不是家人,但他们知道这些人不为人知的细节,因而谈论时保持了一定距离。

如果这些显而易见的家族谱系无须怀疑,我可以把这种亲密与距离、阶级、种族和性别混合在一起的主张,作为我知识遗产的核心部分。但我自己也认识到,这些主张的意义可能不在于它们声明了什么,而在于它们声明的这一事实本身。在我成长的过程中,我无法逃避历史的真实性,但我也认识到,任何地方的任何人,只要有足够的怀疑,就能对历史提出问题,而不必假装这些问题本身就处于历史之外。

早在我阅读尼采的《不合时宜的沉思》之前,我就凭直觉感知到，人们可能会因背负过于厚重的历史而承受痛苦，成为他们自己所创造的过去的驯服的人质。这一点，我们可以从处于杜瓦利埃恐怖统治巅峰时期的众多海地家庭中了解到很多，只要我们敢于打开视野。然而，在我这样一个人看来，从海地的视角看世界，光是说出人能够或者应该逃离历史这样的话，就要么是愚蠢的，要么是骗人的。我发现很难去尊重那些真正相信后现代性的人，无论这种后现代性可能是什么，都使我们可以宣称历史是没有根基的。我不知道这些人为什么会有这种信念，如果他们确实有的话。同样，有人说我们已经走到了历史的尽头，有人说我们更接近于一个所有过去都将平等的未来，这些说法让我怀疑那些人的动机。我意识到，在建议我们应该承认自己的立场，同时与之保持距离时，存在一种内在的张力，但我觉得这种张力既令人健康又令人愉快。我想，归根结底，我可能是在主张亲密和疏远的双重遗产。

我们假装历史与我们无关时，其实我们与历史纠缠得极深，但如果我们不再假装，我们可能会对自己在虚假的纯真中所失去的东西有更深的理解。"天真"常常是那些行使权力的人的一个借口。对于那些被行使这种权力的人来说，"天真"却永远是一种错误。

这本书是关于历史和权力的。它涉及与历史叙事的生产相关的诸多方面，包括相互竞争的群体和个人之间悬殊的贡献，而这些群体和个人获得生产历史叙事的机会本就是不平等的。我要揭露的势力没有炮火、阶级财产或政治运动那么引人注目。我想说的是，它们同样强大。

同时我还想驳斥那种天真幼稚的观点，即我们是过去的囚徒，以及那种不易察觉的有害观点，即历史就是我们对它的理解。历史是权力的果实，但权力本身从来没有透明到对它的分析变得多余。权力的终极特征可能是它的隐蔽性；（历史的）终极挑战，则是揭示权力的根源。

第一章

故事中的力量

这是嵌套在一个故事中的另一个故事——它位于如此不可靠的边缘,以至于人们很疑惑它从何时何地开始,将来是否会结束。到1836年2月中旬,安东尼奥·洛佩斯·德·桑塔·安纳(Antonio López de Santa Anna)将军的部队已经抵达了墨西哥特哈斯省圣安东尼奥·德·瓦莱罗(San Antonio de Valero)传教站的残垣断壁。一个多世纪前,圣方济会的牧师们建立了这一传教站,但在时光和一连串宗教信仰不太虔诚的居民的共同摧残下,能证明这些牧师踪迹的痕迹寥寥无几。西班牙和墨西哥的士兵们,通过时断时续的占据,把这个地方变成了一座堡垒,并给它起了个绰号"阿拉莫"(Alamo),这个名字来源于一个西班牙骑兵部队的名字,这支部队对简陋的院落进行了多次改造。当时,在独立的墨西哥,桑塔·安纳第一次获得权力的三年后,几个说英语的入侵者占领了这个地方,拒绝向将军的优势兵力投降。对桑塔·安纳来说，幸运的是，双方兵力悬殊——占领者的潜在战斗人员最多只有189人，而且建筑本身很脆弱。攻占这个堡垒易如反掌，或者说，桑塔·安纳是这么认为的。

然而，占领却并不容易：围攻的炮火持续了12天。3月6日，桑塔·安纳吹响了墨西哥人传统上用来宣布总攻的死亡号角。这天晚些时候，他的部队终于攻陷了要塞，杀死了大部分守军。但几周后，4月21日，在圣哈辛托（San Jacinto），桑塔·安纳被山姆·休斯顿（Sam Houston）俘虏，休斯顿是坚持独立的得克萨斯共和国新推选出的领袖，众望所归。

桑塔·安纳从沮丧中恢复过来；他后来又四次成为版图大幅缩小的墨西哥的领导人。但从某些重要的方面来说，他在圣哈辛托被击败了两次。他输掉了当天的战斗，但也输掉了在阿拉莫赢得的战斗。休斯顿的士兵们在对墨西哥军队的胜利进攻中，不断喊出口号："毋忘阿拉莫！毋忘阿拉莫！"他们在口号中提到那个古老的传教站创造了双重的历史。作为行动者，他们俘获了桑塔·安纳并削弱了他的力量。作为叙述者，他们赋予阿拉莫故事全新的意义。3月的军事失利不再是故事的终点，而是情节的一个必要转折，是对英雄们的考验，这又使最终的胜利显得必然而伟大。随着圣哈辛托的战斗呐喊，休斯顿的士兵在一个多世纪的时间里逆转了桑塔·安纳以为他在圣安东尼奥获得的胜利。

人类以行动者和叙述者的双重身份参与历史。在包括英语在内的许多现代语言中,"历史"一词固有的暧昧表明了这种参与的双重性。通俗一点来讲,历史既指事情的真相,也指对这些事实的一种叙事,包括"发生了什么"和"据说发生了什么"。第一方面的意思强调一种社会历史过程,第二方面的意思则强调我们对这一过程的认识或关于这一过程的某个故事。

如果我写下"美国的历史始于'五月花号'"这个很多读者可能认为过于简单的,也颇有争议的说法,我无疑是在说,在我们今天称为美国的国家建立的过程中,最重要的事件是"五月花号"的登陆。现在考虑这样一个句子,它在语法上与前一个句子完全相同,或许也同样有争议:"法国的历史始于米什莱。"在这里,"历史"一词的含义显然已不是一种社会历史过程,而是我们对这一过程的认识。这句话肯定了关于法国的第一套重要叙事是由儒勒·米什莱[1]撰写的。

然而,发生的事情和据说已经发生的事情之间的区别,并不总是明确的。再想一想第三句话:"美国的历史是移民的历史。"读者可以认为,这句话中的两个"历史"都是指社会历

---

[1] 儒勒·米什莱(Jules Michelet, 1798—1874),法国历史学家,被誉为"法国历史之父",以文学风格的语言撰写历史著作。在1855年的《法国史》一书中,他提出"文艺复兴"(Renaissance)一词。此外,他还著有《人民》《法国大革命史》等作品。——译者注

史过程。那么，这句话似乎表明，移民这一事实是美国发展过程中的核心因素。但对这句话同样有效的解释是，关于美国最好的叙事模式是关于移民的故事。如果我再加上一些限定词，这种解释就变得很有优势了："美国真正的历史是一部移民的历史。这段历史仍然有待书写。"

然而，还有第三种解释，就是将句中的第一个"历史"理解为社会历史过程，将第二个"历史"理解为知识和叙事，从而表明，关于美国最好的叙事是以移民为中心主题的叙事。第三种解释之所以可能成立，是因为我们含蓄地承认，社会历史过程和我们对它的认识之间存在重叠，这种重叠意义重大，足以让我们以不同程度的隐喻意图暗示，美国的历史是一个关于移民的故事。不仅"历史"的含义可以是社会历史过程或我们对这一过程的认识，而且这两种含义之间的界限往往是不固定的。

因此，"历史"一词的通俗用法为我们造成了一种语义上的歧义：在发生过的事情和据说发生过的事情之间，既存在着简单明了的区别，又存在着尽人皆知的重叠。然而，它也表明了语境的重要性：历史真实性的两个方面之间的重叠和区别，可能不受一般规则的约束。发生的事情和据说发生的事情在何种意义上是一回事或不是一回事，这种论断本身就可能是历史的。

文字不是概念，概念也不是文字：它们之间是世世代代积淀的层层理论。但是理论是用文字来表达的，并建立在文字的基础之上。因此，至少从古典时期开始，"历史"这个词的通俗用法就引起了许多思想家的注意，就不足为奇了。令人惊讶的是，历史学的各种理论并不情愿去处理这种根本上的模棱两可。事实上，随着历史成为一种独特的职业，理论家中间出现了两种互不兼容的倾向。有些人受实证主义的影响，强调历史的世界与我们对历史的看法或书写之间的区别。另一些持"建构主义"观点的人，则强调了历史过程和对该过程的诸多叙事之间的重叠。大多数人都把这种结合本身——这种歧义的核心——当作一种通俗用语造成的偶然事件，需要理论校正。我想要做的是，在这些观点所暗示和再现的二分对立之外，展示有多大的空间去观察历史的生产。

片面的历史性

对思潮及其分支学科的总结，多少会将一些作者强行归为一类，对他们思想的折损也在所难免。我甚至不想在这里尝试这样的重新归类。我希望下面的概述足以说明那些被我质疑的局限性。[1]

实证主义在当前已经落下了一个坏名声,但至少其中的一些鄙视是它应得的。历史在19世纪成为一种职业后,深受实证主义观点影响的学者们试图从理论上阐述历史过程和历史知识之间的区别。实际上,这门学科的专业化在一定程度上是以这种区别为前提的:社会历史过程与其知识的距离越远,历史研究就越容易宣称自己具有"科学"的专业精神。因此,历史学家,尤其是历史哲学家们,都很自豪地发现或反复述说这种应该是无可争议的区别,因为这种区别不仅由语义的语境标记,而且由形态学或语言学本身来标记。在拉丁语中,事件(res

---

1 自19世纪早期开始,历史理论就产生了许多争论、模式和思想学派,它们一直是许多研究、选集和摘要的对象。参见 Henri-Irénée Marrou, *De la Connaissance historique*, Paris: Seuil, 1975(1954); Patrick Gardiner, ed., *The Philosophy of History*, Oxford: Oxford University Press, 1974; William Dray, *On History and Philosophers of History*, Leiden, New York: Brill, 1989; Robert Novick, *That Noble Dream: The "Objectivity Question" and the American Historical Profession*, Cambridge: Cambridge University Press, 1988。我相信,历史太多的概念化容易使历史性的一面高于另一面;反过来,大多数关于历史本质的辩论都源于这种片面性的一个或另一个版本;这种片面性本身是可能存在的,因为大部分历史理论的建立都没有过多关注具体历史叙事的产生过程。

许多作家都试图在这本书讲的这两极之间找到某种联系。本书中所引用的词句纵横交错,而并非机械地复制,从卡尔·马克思的《路易·波拿巴的雾月十八日》,到让·谢诺(Jean Chesneaux)、马克·费罗(Marc Ferro)、米歇尔·德·塞尔托(Michel de Certeau)、戴维·W.科恩、拉纳吉特·古哈(Ranajit Guha)、科吉斯托夫·波米扬(Krzysztof Pomian)、亚当·沙夫(Adam Schaff)和茨维坦·托多罗夫(Tzvetan Todorov)的作品,都是如此。参见 Jean Chesneaux, *Du Passé faisons table rase*, Paris: F. Maspero, 1976; David W. Cohen, *The Combing of History*, Chicago: University of Chicago Press, 1994; Michel de Certeau, *L'Écriture de l'histoire*, Paris: Gallimard, 1975; Marc Ferro, *L'Histoire sous surveillance*, Paris: Calmann-Lévy, 1985; Ranajit Guha, "The Prose of Counter Insurgency," *Subaltern Studies*, vol. 2, 1983; Karl Marx, *The Eighteenth Brumaire of Louis Bonaparte*, London: G. Allen & Unwin, 1926; Krzysztof Pomian, *L'Ordre du temps*, Paris: Gallimard, 1984; Adam Schaff, *History and Truth*, Oxford: Pergamon Press, 1976; Tzvetan Todorov, *Les Morales de l'histoire*, Paris: Bernard Grasset, 1991。

gesta）和事件史（reum gestarum, historia）之间的区别，或者德语中 Geschichte（历史）和 Geschichtschreibung（历史写作）之间的区别，有助于描述在发生的事情和据说发生的事情之间，有时是本体论的，有时是认识论的基本区别。这些哲学边界，反过来加强了从古典时代继承下来的过去和现在之间编年的界限。

西方学界的实证主义立场，足以影响历史学家和哲学家们对历史的看法，而这些人并不一定认为自己是实证主义者。在欧洲和北美洲的大部分地区，这一愿景的宗旨仍然影响着公众对历史的认知：历史学家的作用是揭示过去，发现或至少接近真相。在这一观点中，权力（power）[1]是不会带来问题的，它与叙事的建构也不相关。历史最多不过是一个关于权力的故事，一个关于胜利者的故事。

历史是另一种形式的虚构，这一命题几乎和历史本身一样古老，用来为其辩护的论据则多种多样。正如茨维坦·托多罗夫[2]所指出的，即便声称一切都是一种解释，除了围绕着这种说

---

[1] 在西方语义体系中，"power"一词的内涵极其丰富，除了汉语中的"权力"含义，还包括"力量""势力"等含义。下文多处提及，不再一一说明。——译者注

[2] 茨维坦·托多罗夫（1939—2017），法籍保加利亚裔哲学家，出生于保加利亚索非亚，1963年起定居法国，主要关注文学理论、思想史、文化理论等研究领域，主要著作有《奇幻文学导论》《脆弱的幸福：关于卢梭的随笔》《不完美的花园：法兰西人文主义思想研究》《启蒙的精神》《我们与他人：关于人类多样性的法兰西思考》《走向绝对：王尔德 里尔克 茨维塔耶娃》等。——译者注

法的兴奋异常，并没有什么新内容。[1]我所称的建构主义历史观，就是这两种命题的一个特定版本，自20世纪70年代以来，这种观点已经在学术界得到了广泛的关注。它建立在批判理论、叙事和分析哲学理论的最新进展之上。在它的主流版本中，它认为历史叙事凭借其形式绕过了真实性问题。各种叙事不可避免地以一种与事实不同的方式被编造。因此，无论它们所依赖的证据能否被证明是正确的，它们都必然会曲解事实。在这种观点中，历史成为许多叙事类型中的一种，除了以事实做伪装之外，没有什么特定的区别。[2]实证主义观点将权力的隐喻藏在朴素认识论背后，而建构主义观点则否认了社会历史过程的自主性。从逻辑终点上讲，建构主义把历史叙事看成其他各类虚构中的一种。

但是，如果不是历史真实性本身的话，又是什么使某些叙事而不是其他的叙事强大到足以被接受作为历史呢？如果历史仅仅是那些胜利者所讲述的故事，那么他们一开始是如何取得胜利的呢？为什么所有的赢家讲的又是不同的故事呢？

---

1 Todorov, *les Morales*, 129–130.
2 Hayden White, *Metahistory: The Historical Imagination in Nineteenth-Century Europe*, Baltimore: The Johns Hopkins University Press, 1973; *Tropics of Discourse: Essays in Cultural Criticism*, Baltimore: The Johns Hopkins University Press, 1978; *The Content of the Form: Narrative Discourse and Historic Representation*, Baltimore: The Johns Hopkins University Press, 1987.

事实与虚构之间

每一种历史叙事都声称自己是真实的。[1] 如果我写一个故事，描述美军在"二战"末期如何进入德国监狱屠杀了 500 名吉卜赛人；如果我声称这个故事是基于最近在苏联档案中发现的文件，并有德国史料为证，而如果我伪造了这些文件并发表我的故事，那么我就不是创作了一部小说，而是制造了一个赝品。我违反了判定历史真实性的那些规则。[2] 这些规则不是在任何时候、任何地方都一成不变的，这导致许多学者提出，某些社会（当然是非西方社会）并不区分虚构和历史。这一论断使我们想起一些西方观察者就过去被他们殖民的民族的语言进行的各种辩论。由于没有在所谓的野蛮人中找到各类语法书或词典，这些观察者无法理解或应用支配这些语言的语法规则，于是写得出结论，认定这些规则并不存在。

正如西方与它为自己创造的许多底层的"他者"相比，这一领域从一开始就不平衡；用来对比的物体是完全无法比拟的。这种比较不公平地将一种关于语言和语言实践的话语并列在一

---

1 事实上，每一种叙事都必须把这一主张强调两次。从直接提出观点的人的角度来看，叙事就是知识，据说已经发生的事情就被认为确实已经发生了。每一位历史学家的叙事都有一定的真实性，无论有没有这个资格。从受众的角度来看，历史叙事必须是可以被人们的认知所接受的，这就强化了对知识的要求：据说已经发生的事情被认为确实已经发生了。

2 参见 Todorov, *Les Morales*, 130–169，讨论小说、虚构和历史写作之间的差异，以及各种真理主张，另见下文第五章关于真实性的叙述。

起：语法学家的元语言证明了欧洲语言中语法的存在，自发的语言证明语法在别处不存在。一些欧洲人和他们的殖民地学生们认为这种所谓缺乏规则的情况体现了幼稚的自由，他们把这种自由与野蛮联系在一起，而另一些人则认为这是非白人是劣等人的又一个证明。我们现在知道双方都错了；在所有的语言中，语法都在发挥作用。历史是否也是如此？还是说历史在某些社会中是无限可塑的，以至于无法做出关于真实性的主张？

把所有非西方人归类为根本没有历史的人，也与这样一种假设有关：历史需要对时间有一种线性的、累积的感知，允许观察者将过去作为一个独立的实体孤立起来。然而，伊本·赫勒敦（Ibn Khaldhûn）[1]却卓有成效地将周期性观点应用于历史研究。此外，西方历史学家对线性时间的专一坚持，以及随之而来的对"没有历史"的人们的排斥，都可以追溯到19世纪。[2]在公元1800年以前，西方真的有历史吗？

有人认为认识论的有效性只对受过西方教育的人群有影响，因为其他人或是缺乏适当的时间感，或是不能恰当理解证据，这种有害的观念被许多非欧洲语言中使用的据素（evidential）所推翻。[3]假如英语中有据素的话，就相当于有一个规则，迫

---

1 伊本·赫勒敦（1332—1406），出生于今天的突尼斯，阿拉伯学者、史学家、经济学家、社会学家，被认为是"人口统计学之父"。1378年写成《历史绪论》，强调历史的循环性。——译者注
2 Pomian, *L'Ordre du temps*, 109–111.
3 据素是语法化的结构，说话者根据现有据素，通过它来表达对提议的看法。参见David

使历史学家们在每次使用动词"发生"时,都要在语法上区分"我听说它发生了"、"我看到它发生了"或"我已经得到证据证明它发生了"。当然,英语没有这样的语法规则来评估证据。图库亚(Tucuya)[1]语拥有一套详尽的据素体系,这一事实是否会让说亚马孙语的人成为比大多数英国人更优秀的历史学家?

阿尔君·阿帕杜莱[2]令人信服地论证,他称为"过去的可辩论性"的规则,在所有社会中都起作用。[3]尽管这些规则随着时间和空间的不同而有实质性的差异,但它们都旨在保证历史的最低可信度。阿帕杜莱提出,权威性、连续性、深度和相互依赖等是一系列形式上的约束条件,在各处都赋予历史以可信度,并限制了历史的各种争辩的性质。没有哪个地方的历史是可以不受任何影响被创造出来的。

历史叙事需要不同类型的可信度,因此有别于虚构。这种需要既是视情形而变的,也是必要的。它是视情形而变的,因为一些叙事在虚构和历史之间来回穿梭,而另一些则占据着一个没有被定义的位置,似乎否认有一条界线存在。这是必要的,因为在某种程度上,历史上特定的人类群体必须决定某个叙事

Crystal, *A Dictionary of Linguistics and Phonetics*, 3d ed., Oxford: Basil Blackwell, 1991, 127. 例如,见证人和非见证人在认知模式上的差异可能是语法化的要求。
1 图库亚位于玻利维亚首都拉巴斯。——译者注
2 阿尔君·阿帕杜莱(1949—),印度裔美国人类学家,公认的全球化研究的主要理论家,在其人类学著作中,他郑重地讨论了民族国家现代性和全球化的重要性。——译者注
3 Arjun Appadurai, "The Past as a Scarce Resource," *Man* 16 (1981): 201–219.

是属于历史还是虚构。换句话说，历史与虚构之间的认识论隔阂总是通过在历史情境中对特定叙事的评价来具体表达的。

西印度群岛上的食人族是真实存在的还是虚构的？长期以来，学者们一直在试图证实或否定早期西班牙殖民者关于安的列斯群岛美洲原住民吃人的说法。[1]加勒比人（Caribs）、食人族（Carnibals）和卡利班人（Caliban）之间的语义联系是否不仅仅基于欧洲式的幻觉？一些学者声称，这种幻想对西方来说意义重大，以至于它是否基于事实都无关紧要。这是否意味着历史和虚构之间的界限毫无用处？只要谈话只牵扯到谈论死去的印第安人的欧洲人，辩论就仅仅是学术性的。

然而，即使是那些死去的印第安人，也会再次困扰专业的和业余的历史学家。美洲印第安人部落间委员会（The Inter-Tribal Council of American Indians）确认，1000多具遗体，大部分是信奉天主教的美洲原住民，被埋在阿拉莫附近的墓地里。这块墓地曾经与方济会的传教站有关，但最明显的痕迹都已经消失。委员会努力使得克萨斯州和圣安东尼奥市承认这些墓地的神圣性，但只取得了部分的成功。尽管如此，他们的努力仍有成效，足以威胁到监管阿拉莫的组织"得克萨斯共和国之女"

---

1 有关该讨论的进展，参见 Paula Brown and Donald F. Tuzin, editors, *The Ethnography of Cannibalism*, Washington, D.C.: Society for Psychological Anthropology, 1983; Peter Hulme, *Colonial Encounters*, London and New York: Methuen, 1986; Philip P. Boucher, *Cannibal Encounters*, Baltimore: The Johns Hopkins University Press, 1992。

对一处历史遗址的控制权，该遗址自 1905 年起由州政府委托其管理。

这场争论源于另一场规模更大的战争，一些观察者称这场战争为"第二次阿拉莫战役"。更大的争议围绕着 1836 年桑塔·安纳的军队对传教站的围攻而展开。在这场战役中的那个光荣时刻，热爱自由的盎格鲁人数量虽少，但无所畏惧，他们真的是自发地选择战死沙场，而不是向腐败的墨西哥独裁者投降？还是说，这只是美国扩张主义的一个残酷的例子，几个白人掠夺者不仅占领了神圣的领土，还心不甘情不愿地用他们的死亡为精心策划的吞并提供了借口？如此措辞的辩论引发了过去二十年来一些历史学家和得克萨斯州居民的分歧。但是圣安东尼奥现在的人口中，名义上有 56% 的人是西班牙裔，他们中的许多人也承认自己有一部分印第安人的血统，"第二次阿拉莫战役"已经在街头打响。各类示威、游行、社论和对市政或法院命令的种种要求——包括封锁通向阿拉莫的街道——加剧了日益愤怒的各方之间的辩论。

在这场激烈辩论的背景下，双方的支持者都在质疑对事实的陈述，这些陈述的准确性在不到半个世纪前还为人深信不疑。在相对孤立的情况下的那些"事实"，无论是微不足道的还是显而易见的，都受到每个阵营的质疑或宣传。

历史学家长期以来一直质疑阿拉莫叙事中一些事件的真实性，其中最著名的是地上那道线的故事。据说在这个故事里，当189名阿拉莫居民要在逃亡和死于墨西哥人之手二者间做出选择时，指挥官威廉·巴雷特·特拉维斯（William Barret Travis）在地上划了一道线。然后，他要求所有愿意为之战斗到死的人都跨过它。据说，每个人都跨过了这道线——当然，除了那个逃跑后活下来讲了这个故事的人。得克萨斯州的历史学家，尤其是那些出生于得州的，撰写教科书和通俗历史的作者们，长期以来都一致认为，这种叙事只是讲了"一个好故事"，"它是否真实并不重要"。[1] 这类言论是在当前的建构主义浪潮之前，由那些原本认为事实就是事实，而且只是事实的人发表的。但是，当留在阿拉莫的那些人的勇气受到公开质疑的情况下，地上的那道线突然成为许多需要接受可信度考验的"事实"之一。

被质疑的"事实"还有许许多多。[2] 墓地到底在哪里？遗

---

[1] Ralph W. Steen, *Texas: A Story of Progress*, Austin: Steck, 1942, 182; Adrian N. Anderson and Ralph Wooster, *Texas and Texans*, Austin: Steck-Vaughn, 1978, 171.

[2] 这部分有争议的"事实"以及我对阿拉莫争议的理解是基于口头采访和书面资料。研究助理瑞贝卡·本尼特对"得克萨斯共和国之女"盖尔·洛文·巴恩斯（Gail Loving Barnes）和部落间委员会的加里·J. 加比哈特［Gary J. (Gabe) Gabehart］进行了电话采访。感谢他们两位以及卡洛斯·格拉（Carlos Guerra）的合作。书面资料的来源包括刊登在当地报纸上的文章［尤其是《圣安东尼奥快报》(*San Antonio Express News*)上格拉的专栏（Guerra's column）］: Carlos Guerra, "Is Booty Hidden Near the Alamo?" *San Antonio Light*, 22 August 1992; Carlos Guerra, "You'd Think All Alamo Saviors Look Alike," *San Antonio Express News*, 14 February 1994; Robert Rivard, "The Growing Debate Over the Shrine of Texas Liberty," *San Antonio Express News*, 17 March 1994. 此外，还包括学术期刊: Edward Tabor Linenthal, "A

骸还在那里吗？到阿拉莫观光是否侵犯了死者的宗教权利，得克萨斯州是否应该干预？州政府是否曾按约定的价格向罗马天主教会支付过阿拉莫教堂的修建费用？如果没有，那么监管者们难道不是篡夺历史地标吗？美国白人领袖之一詹姆斯·鲍伊（James Bowie）是否在该地埋藏了一件被盗的珍宝？如果是这样的话，这就是占领者选择战斗到底的真正原因吗，或者反过来说，鲍伊试图通过谈判来拯救他的生命和宝藏吗？简而言之，在阿拉莫战役中，贪婪（而非爱国）在多大程度上是核心？被围困的人是否错误地相信增援部队就要到来？如果是的话，我们还能相信他们有多大的勇气呢？大卫·克洛科特（Davy Crockett）是在战斗中牺牲的还是战斗结束后死去的？他曾试图投降吗？他真的戴着浣熊皮帽子吗？

最后一个问题，可能听起来是一个相当奇怪的问题清单中最微不足道的，但当我们注意到阿拉莫圣坛是得克萨斯州的主要旅游景点，每年吸引了大约 300 万游客时，这似乎就显得不那么微不足道了，而且一点也不奇怪了。现在，当地的舆论已经大到足以质疑一个戴着大卫帽的小外国佬的天真，父母可能会再三考虑是否要买一顶，而历史的守护者们则战战兢兢，担

Reservoir of Spiritual Power: Patriotic Faith at the Alamo in the Twentieth Century," *Southwestern Historical Quarterly* 91 (4) (1988): 509–531; Stephen L. Hardin, "The Félix Nuñez Account and the Siege of the Alamo: A Critical Appraisal," *Southwestern Historical Quarterly* 94 (1990): 65–84; 以及引发争议的书：Jeff Long, *Duel of Eagles: The Mexican and the U.S. Fight for the Alamo*, New York: William Morrow, 1990。

心过去会太快赶上现在。在这场争论的背景下，大卫的真实身份突然变得重要起来。

这场辩论的教训是显而易见的。在某些阶段，出于历史原因（通常是由争议引发的），集体认识到需要对某些事件和叙事进行可信度检验，因为对他们来说，这些事件是真的还是假的，这些故事是真实的还是虚构的，真的非常重要。

对他们重要并不意味着对我们重要。但我们能在多大程度上置身事外？关于犹太人大屠杀的主流叙事是真是假真的无关紧要吗？纳粹德国的领导人是否真的策划并实施了600万犹太人的屠杀，真的没有什么影响吗？

历史评论研究所[1]的成员认为这种关于大屠杀的叙事模式很重要，但他们也认为这是错误的。他们普遍同意犹太人在第二次世界大战中是受害者，有些人甚至认同大屠杀是一场悲剧。然而，大多数人声称要澄清三个主要问题：据报道有600万犹太人被纳粹杀害；纳粹灭绝犹太人的系统计划；大规模谋杀的"毒气室"的存在。[2] 修正主义者声称，大屠杀主流叙事的这些核心"事实"并没有无可辩驳的证据支持，该叙事模式只会使

1　历史评论研究所（the Institute for Historical Review），1978年由信奉新法西斯主义的美国政客威利斯·卡托（Willis Carto）在加州成立，以历史学研究机构的名义公开挑战人们对纳粹大屠杀的认识。——译者注

2　Arthur A. Butz, "The International 'Holocaust' Controversy," *The Journal of Historical Review* (n.d.): 5–20; Robert Faurisson, "The Problem of the Gas Chambers," *Journal of Historical Review* (1980).

美国、欧洲和以色列的各种国家政策永久化。

关于大屠杀的修正主义论著遭到了一些作者的驳斥。历史学家皮埃尔·维达尔-纳凯（Pierre Vidal-Naquet）的母亲在奥斯维辛集中营去世，他通过对修正主义论著的多次反驳，对学术与政治责任之间的关系提出了有力的质疑。让-皮埃尔·普雷萨克（Jean-Pierre Pressac）曾是一名修正主义者，他比任何历史学家都更擅长描写德国的死亡机器。黛博拉·利普斯塔特（Deborah Lipstadt）关于修正主义的最新著作探讨了修正主义者的政治动机，目的是对修正主义进行意识形态批判。对于后一种批评，修正主义者的回答是，他们是历史学家，只要他们遵循"历史批判的惯常方法"，他们的动机如何又有什么关系呢？我们不能仅仅因为哥白尼憎恨天主教，就否定日心说。[1]

---

[1] Pierre Vidal-Naquet, *Les Assassins de la mémoire: "Un Eichmann de papier" et Autres essais sur le révisionnisme*, Paris: La Découverte, 1987; Jean-Claude Pressac, *Les Crématoires d'Auschwitz: La machinerie de meurtre de masse*, Paris: CNRS, 1993; Deborah E. Lipstadt, *Denying the Holocaust: The Growing Assault on Truth and Memory*, New York: The Free Press, 1993; Faurisson, "The Problem of the Gas Chambers"; Mark Weber, "A Prominent Historian Wrestles with a Rising Revisionism," *Journal of Historical Review* 11 (3) (1991): 353–359.

这些批驳之间的差异为历史策略提供了经验教训。普雷萨克的著作直面修正主义者的挑战，他把大屠杀看作其他任何一种历史争议，理性并公正地面对事实。这是最"学术"的老派方式。近300条档案参考文献的脚注、大量的图片、图表和表格记录了纳粹建立的巨型死亡机器。利普斯塔特的立场是，不应该就"事实"进行辩论，因为这样的辩论使修正主义合法化。但她就修正主义者的政治动机与修正主义者展开了激烈的辩论，在我看来，这同样具有合法性，并且需要大量引用经验论与唯理论的论战。维达尔-纳凯有意识地拒绝关于"事实"和意识形态的辩论相互排斥的主张。虽然他避免点名，但他不仅对修正主义叙事，而且对大屠杀不断表达他出于道德的愤怒。如果没有大屠杀，就不会有修正主义。这一策略为他留下了空间，既可以对修正主义进行方法论和政治批评，也可以对他选择辩论的"事实"进行经验性的挑战。维达尔-纳凯还避开了犹太例外论的陷阱，这种论断很容易将历史视作复仇，并为使用和滥用大屠杀的叙事进行辩护：无法用奥斯维辛集中营的灾难解释萨布拉（Chabra）、夏蒂拉（Chatila）难民营大屠杀。

修正主义者声称坚持经验主义的程序，为检验历史建构主义的局限性提供了一个完美的例子。[1] 关于大屠杀的叙事关系到世界各地许多拥护者的直接政治和道德利益，这类拥护者在美国和欧洲都有竞争实力和声势，这使得建构主义者在政治和理论上都难以招架。在大屠杀辩论中，唯一合乎逻辑的建构主义立场是主张没什么可辩论的。建构主义者们必须断言，是否有毒气室，死亡人数是1万还是600万，或者种族灭绝是否有计划，这些都无关紧要。事实上，建构主义者海登·怀特（Hayden White）近乎极端地提出，大屠杀的主流叙事模式的主要相关性在于，它为以色列的国家政策提供了合法性。[2] 后来，怀特的观点变得温和，不再坚持他极端的建构主义立场，现在，他支持的是一种相对温和得多的相对主义。[3]

但是，我们能在多大程度上把已经发生的事情简化成据说已经发生的事情呢？如果600万真的并不重要，那么200万够吗？或者我们中的一些人会满足于30万这个数字？如果意义完全脱离了"在那里"的所指，如果没有认知目的，没有什么可以证明或反驳的，那么故事的意义是什么？怀特的回答很明确：建立道德权威。但是，既然我们已经有了"小红帽的故

---

[1] 如前所述，修正主义者表达的观点存在很大的差异，但在过去的15年里，他们的立场转向了更为学术的方向，我也将回到学术这一立场。

[2] White, *The Content of Form*.

[3] 参见 Hayden White, "Historical Emplotment and the Problem of Truth," in *Probing the Limits of Representation*, S. Friendlander, ed., Berkeley: University of California Press, 1992, 37–53.

事",那么为什么还要为大屠杀、种植园奴隶制或法国大革命费心呢？

建构主义的困境在于，**尽管它可以用数百个故事来说明它的一般主张，即各种叙事模式都是被生产出来的，但它不能充分说明某一个叙事模式是如何被生产的**。因为要么我们共有相同的合法性故事，要么一个特定故事对特定人群的重要性本身就是历史的。一说特定的叙事使特定的政策合法化，就是含蓄地表示存在关于这些政策的"真实"描述，这种描述本身可以采取另一种叙事的形式。但承认第二种叙事的可能性，反过来也是在承认历史过程相对于叙事有一定的自主性。我们必须承认，发生的事情和据说已经发生的事情之间的界限尽管是模糊的和偶然的，但却是必要的。

这并不是说有些社会区分虚构和历史，而有些社会则不加以区分。不如说，差异在于，由于这些叙事关涉的利害关系有差异，不同集体须划定自己的范围进行历史可信度的检验。[14]

单一地点的历史性

如果我们认为这样的利害关系源于最初事件的重要性，那就错了。人们普遍认为历史是对过去重要经历的回忆录，这是一种误导。这个模型本身是众所周知的：历史之于集体就像回忆之于个人，是对存储在记忆中的过往经历或多或少有意识的检索。撇开它的众多变体不谈，我们可以简称它为历史的记忆存储模型。

记忆存储模型的第一个问题是它的年头，它所依赖的过时的科学。这个模型假设知识就是回忆，这一观点可以追溯到柏拉图，现在则受到哲学家和认知科学家们的质疑。此外，至少自19世纪末以来，该理论所依赖的个人记忆的观点已经受到了不同学派的研究者的强烈质疑。在这一理论描绘的愿景中，记忆是存储在一个柜子里的许多离散的表象，柜子里面的内容通常是准确的，可以随意获取。最近有研究质疑了所有这些假设。记忆并不总是一个能唤醒对所发生事情进行再现的过程。系鞋带涉及记忆，但我们中很少有人在平日里每次系鞋带时都能清晰地回忆起那些画面。无论内隐记忆和外显记忆之间的区别是否涉及不同的记忆系统，事实上这些系统在实践中是不可分割地联系在一起的，这可能是外显记忆改变的另一个原因。无论如何，有证据表明，我们柜子里的内容既不是固定的，也不是随意取用的。[1]

---

1 H. Ebbinghaus, *Memory: A Contribution to Experimental Psychology*, New York: Dover, 1964 (1885); A. J. Cascardi, "Remembering," *Review of Metaphysics* 38 (1984): 275–302; Henry L. Roediger, "Implicit Memory: Retention Without Remembering," *American Psychologist* 45 (1990): 1043–1056; Robin Green and David Shanks, "On the Existence of Independent Explicit and Implicit Learning Systems: An Examination of Some Evidence," *Memory and Cognition* 21 (1993): 304–317; D. Broadbent, "Implicit and Explicit Knowledge in the Control of Complex Systems," *British Journal of Psychology* 77 (1986): 33–50; Daniel L. Schackter, "Understanding Memory: A

此外，如果这些内容是完整的，它们就不会形成历史。想象某段独白，按顺序描述一个人所有的回忆。即使对叙述者来说，这听起来也是毫无意义的噪声。此外，至少有一种可能是，对人生轨迹有重大影响的事件在发生时，个体并不知道，也不能作为记忆中的经历被讲述。个人只能记住揭露出的启示，而记不住事件本身。我可能记得我去过日本，但并不记得在日本的感受。我可能记得有人告诉我，在我6个月大的时候，我的父母带我去了日本。但是，这仅仅是属于我的生命历史的启示吗？我们能毫不犹豫地从一个人的历史中排除所有此人没有经历过或尚未揭示的事件吗？包括，例如，出生时的领养。领养可能提供了一个关键的视角，来看待在它被披露之前实际发生的各种事件。启示本身可能会影响叙述者对之前发生的事件的未来记忆。

如果记忆作为个体的历史被构建起来，即使是在这种最低限度的意义上，那么它们所检索到的过去又如何能被修复呢？记忆存储模型无法回答这个问题。它的流行版本和学术版本都假设一个固定的过去是独立存在的，并假设记忆是对其内容的检索。但过去并不独立于现在而存在。事实上，过去之所以只是过去，是因为有现在的存在，就像我能指着那里的某样东西，

Cognitive Neuroscience Approach," *American Psychologist* 47 (1992): 559–569; Elizabeth Loftus, "The Reality of Repressed Memories," *American Psychologist* 48 (1993): 518–537.

只是因为我在这里。但没有什么天生就在那里或这里。从这个意义上说,过去是没有内容的。过去,或者更准确地说,过去性,是一种立场。因此,我们绝不能把过去等同于仅仅是过去。暂且不谈我知道我曾经去过日本这一事实,无论它是怎么推导出来的,都可能与在日本是什么感受的记忆,在本质上有所不同,这个模型假设这两种信息在我检索之前都存在。但是,如果我没有关于过去的知识或记忆,我怎样才能把它们当作过去来检索呢?

当谈到被视为集体的过去时,决定什么是属于过去的那些问题会增加十倍。事实上,当记忆—历史的等式被转移到集体中时,方法论的个体主义增加了存储模型固有的困难。为了便于描述,我们可以假设一个人的生命史从出生开始。但集体的生命从何时开始?在什么情况下,我们会检索过去的开端?我们如何决定,以及集体如何决定,应该包括哪些事件,排除哪些事件?存储模型不仅假定过去被记住,而且假设了进行记忆的集体主体。这种双重假设的问题在于,被建构的过去,其本身就是集体的组成部分。

当下的欧洲人和美国白人还记得新大陆的发现吗?无论是我们现在所知的欧洲,还是我们现在所了解的白种人,在1492年都不是这样的。两者都是我们现在所称的西方这个可追溯的实体的组成部分,没有西方,以目前的形式的"发现",是不可想象的。那些魁北克的市民在车牌上骄傲地写着"我记得",但他们真的能找回这个曾经被法国殖民的地区的记忆吗?马其顿人,不管他们是谁,能回忆起泛希腊主义早期的冲突和承诺吗?还有没有哪个地方的什么人记得塞尔维亚人第一次大规模皈依基督教的事?在这些案例中,就像在其他许多情况下一样,那些被认为记得某些历史事件的集体主体在他们声称记得的事件发生时并不存在。相反,他们作为主体的构成与对过去的不断创造是密切相关的。因此,他们并没有继承这样的过去:他们是与过去同时代的人。

即使历史的连续性是毋庸置疑的,在事件发生时,其规模和历史上继承它们的几代人的关联之间,我们也无法简单地假定存在相关性。对美洲奴隶制的比较研究提供了一个引人入胜的例子,即我们常说的"过去的遗产",可能不是过去本身流传下来的任何东西。

乍一看,奴隶制在美国的历史重要性,显然来自对过去的恐惧。这段过去不断被唤起,作为持续创伤的起点,并作为对当前黑人所遭受的不平等待遇的必要解释。我决不愿否认种植园奴隶制是一种创伤性经历,在整个美洲留下了深深的伤痕。但美国以外的非裔美洲人的经历挑战了过去创伤与历史关联之间的直接联系。

第一,就西半球而言,美国在独立前后都只输入了相对较少的被奴役的非洲人。在4个世纪的时间里，奴隶贸易向新大陆运送了至少1000万奴隶。在弗吉尼亚詹姆斯敦建成一个世纪前，被奴役的非洲人已经在加勒比海劳作并死去。奴隶制度持续时间最长的巴西，拥有的非洲奴隶数量最多，将近400万。加勒比地区作为一个整体，输入的奴隶甚至比巴西还要多，这些奴隶分散在欧洲各列强的殖民地上。尽管如此，加勒比个别地区，特别是蔗糖群岛的奴隶输入数量仍然很高。法属加勒比殖民地中有一座名为马提尼克的岛屿，虽然这是一个面积不及纽约长岛面积四分之一的小岛，但输入的黑人奴隶却比美国所有州的加起来还要多。[1] 可以肯定的是，到19世纪初，美国的克里奥尔人[2]奴隶数量比美洲其他任何国家都多，但这一数字是自然增长的结果。然而，无论从奴隶制的持续时间还是涉及的人数来看，我们都不能说美国奴隶制的规模超过了巴西或加勒比地区。

第二，奴隶制对巴西和作为一个整体的加勒比社会的日常

---

[1] 美国的数据并不包含路易斯安那州的殖民地的数据。关于这些估算背后的叙述和来源，参见 Philip Curtin, *The Atlantic Slave Trade: A Census*, Madison: University of Wisconsin Press, 1969. 柯定（Curtin）对非洲奴隶出口数据的部分更新并没有使他统计的整个美洲奴隶进口的总体情况失真。

[2] 克里奥尔人，这一名称在16—18世纪时，用来指出生于美洲而双亲是西班牙人的白种人，以区别于生于西班牙而迁往美洲的移民。此后，这个名称就用于各种意义，因地区不同而有所不同甚或矛盾。在西班牙殖民时期的美洲，克里奥尔人一般被排斥于教会和国家的高级机构之外，虽然法律上西班牙人和克里奥尔人是平等的。墨西哥、秘鲁以及其他地方独立以后，克里奥尔人进入统治阶层。他们一般比较保守，同高级牧师、军队、大地主，后来又同国外投资者都有密切合作。——译者注

生活的重要性，至少与对美国社会的重要性相当。尤其是英法两国的蔗糖群岛殖民地，从17世纪的巴巴多斯和牙买加到18世纪的圣多明各岛和马提尼克岛，都不仅仅是有奴隶的社会：它们就是**奴隶社会**。奴隶制定义了它们的经济、社会和文化组织：这是它们存在的原因。生活在那里的人，无论自由与否，之所以在那里生活都是因为那里有奴隶存在。如果用北美来打比方，就相当于整个美国大陆都是处在棉花事业巅峰时期的亚拉巴马州。

第三，我们不需要假设人类的苦难是可以衡量的，用以肯定奴隶在美国境外的物质条件并不比在美国境内好。尽管在巴西或加勒比存在对奴隶的专制统治，但我们知道，美国主人并不比奴隶的巴西或加勒比主人更仁慈。但我们也知道，奴隶制让人类付出的代价，无论是物质上的还是文化上的，都与生产的迫切需要，特别是工作制度密切相关。与在美国的奴隶相比，在加勒比和巴西的奴隶，其工作条件通常造成更低的预期寿命，更高的死亡率和更低的出生率。[1] 从这个角度看，甘蔗是最肆虐的奴隶虐待者。

1　Robert William Fogel and Stanley L. Engerman, *Time on the Cross: The Economics of American Negro Slavery*, Boston: Little, Brown, 1974; B. W. Higman, *Slave Populations of the British Caribbean, 1807—1834*, Baltimore: The Johns Hopkins University Press, 1984; Ira Berlin and Philip D. Morgan, eds., *Cultivation and Culture: Labor and the Shaping of Life in the Americas*, Charlottesville: The University Press of Virginia, 1993; Robert William Fogel, *Without Consent or Contract: The Rise and Fall of American Slavery*, New York: W. W. Norton, 1989.

简而言之，有大量的证据足以支持一种温和的经验主义主张：作为实际发生的事情，奴隶制在美国的影响无论如何都不能说比在巴西和加勒比地区更重大。但是，为什么奴隶制作为创伤的象征意义和作为社会历史解释的分析意义，在今天的美国比在巴西或加勒比地区更普遍呢？

部分原因可能是美国奴隶制度的终结方式：一场内战。在这场内战中，白人们似乎比亚伯拉罕·林肯更倾向于指责奴隶制，林肯在这一事业上的种种动机尚存在争议。部分原因可能是奴隶后代们的命运，但这本身并不是一个"过去"的问题。美国种族主义的延续与其说是奴隶制的遗留问题，不如说是由几代白人移民重新形成的一种现代现象，他们的先辈曾一度在欧洲腹地从事劳役。

事实上，并不是所有见证过奴隶制的黑人都相信奴隶制是他们和他们的孩子将永远背负的一种遗产。[1] 奴隶解放半个世纪后，奴隶制也不是白人历史学家们一个主要的研究课题，尽管原因不同。美国史学界对非裔美国人的奴隶制问题保持沉默，其原因可能与巴西史学界没有太大的不同。20世纪早些时候，北美的黑人和白人就奴隶制在他们现在生活中的象征意义和分

---

[1] W. E. B. Du Bois, *Some Efforts of American Negroes for Their Own Social Betterment*, Atlanta: The Atlanta University Press, 1898; *Black Reconstruction in America: An Essay Toward a History of the Part Which Black Folk Played in the Attempt to Reconstruct Democracy in America, 1860—1880*, New York: Russell and Russell, 1962; Eric Foner, *Reconstruction: America's Unfinished Revolution, 1863—1877*, New York: Harper & Row, 1988.

析意义进行了争论。[1]这样的辩论表明，历史意义并不直接来自某一事件的原始影响，也不源于其记载方式，甚至不源于其记载的连续性。

关于阿拉莫、大屠杀或美国奴隶制重要性的辩论不仅涉及职业历史学家，还涉及种族和宗教领袖、被任命的官员、记者、公民团体以及独立市民的各种协会，但他们并不都是积极的活动家。这种叙述者的多样性是许多标示之一，表明历史理论对历史生产领域的看法相当有限。它们严重低估了历史生产的交叉点的规模、相关性和复杂性，尤其是在学术领域之外。[2]

历史协会的力量在不同的社会中有所差异。即使在高度复杂的社会中，行业协会的重要性非同一般，历史学家的作品也

---

1 E.g., Du Bois, *Black Reconstruction*; Edward Franklin Frazier, *Black Bourgeoisie*, Glencoe: Free Press, 1957; Melville J. Herskovits, *The Myth of the Negro Past*, Boston: Beacon Press, 1990 (1941); Gunnar Myrdal, *An American Dilemma: The Negro Problem and Modern Democracy*, New York, London: Harper & Bros. 1944.

2 保罗·利科（Paul Ricoeur）正确地指出，逻辑实证主义者和他们的对手就历史知识的本质展开了长期的辩论，而很少关注历史学家真正的实践。Paul Ricoeur, *Time and Narrative*, vol. 1, trans. Kathleen Mclaughlin and David Pellauer, Chicago: University of Chicago Press, 1984, 95. 利科本人大量引用了欧洲和美国传统的专业历史学家的著作。其他的现代作家也同样引用了过去和现在的历史著作，不同程度地强调特定的学派或国家，对历史发展与其他制度化的知识形式之间的关系的论述有各式各样的离题。参见 De Certeau, *L'Écriture*; François Furet, *L'Atelier de l'histoire*, Paris: Flammarion, 1982; Joyce Appleby, Lynn Hunt, and Margaret Jacob, *Telling the Truth about History*, New York: W. W. Norton, 1994。这些作品使理论更接近真正的现实，但历史生产（历史著述）是否仅限于专业历史学家的实践（写作）？首先，从现象学家的观点来看，我们可以认为，所有人对历史都有一种先入为主的意识，这种意识是他们体验社会、积攒阅历的基础。参见 David Carr, *Time, Narrative, and History*, Bloomington: Indiana University Press, 1986, 3。其次，在此对我们的目的来说，更重要的是，"叙事"本身的历史并不仅仅由专业历史学家创造。参见 Cohen, *The Combing of History*; Ferro, *L'Histoire sous surveillance*; Paul Thompson, *The Myths We Live By*, London and New York: Routledge, 1990。

不会构成一个完备的封闭的文集。相反，历史的生产不仅与其他学者的工作相互作用，而且更重要的是与大学以外生产的历史相互作用。因此，历史的主题意识不是只有公认的学者才能激活的。我们都是业余的历史学家，对我们生产出的历史成果有不同程度的了解。我们也从类似的业余爱好者那里学习历史。大学和大学出版社并不是唯一进行历史叙事生产的地方。在阿拉莫的礼品店，书籍甚至比浣熊皮帽卖得还好，业余历史学家们的6本书，每年带来的收入超过40万美元。正如马克·费罗所言，历史有很多解释者，学者并不是美国这片土地上唯一的历史教师。[1]

大多数欧洲人和北美人是通过媒体学习第一堂历史课的，而这些媒体并没有遵循同行评议、大学出版社或博士委员会制定的标准。早在普通公民们阅读那些为同事和学生制定当今标准的历史学家们的著作之前，他们就通过各种庆祝活动、参观遗址和博物馆、看电影、国家假日和小学课本来了解历史了。可以肯定的是，他们在那里学到的观点反过来又受到了参与初等教育研究的学者的支持、修改或质疑。随着历史学在专业层面上不断巩固，随着历史学家在修改研究目标和完善研究工具方面变得越来越快，学院派历史的影响也在增加，即使这种影

---

[1] Ferro, *L'Histoire sous surveillance*.

响是间接的。

但我们不要忘记，这种表面上的主导权有可能多么脆弱、多么有限，而且是最近才确立的。别忘了，就在不久之前，在美国历史和世界历史的许多部分，一种带有强烈宗教意味的天定叙事模式被延长了。世界的历史从基督教的创世开始，据说这一天是众所周知的，接着是昭昭天命，与被神恩眷顾的国家相称。美国社会科学界还没有抛弃美国例外论的信念，这种信念渗透到了它的诞生和演变过程中。[1] 同样，学术专业主义还没有使神创论的历史沉寂下来，在学校系统的飞地里，神创论仍然存在。

学校系统可能在任何问题上都没有最终决定权，但其有限的效率有两面性。从 20 世纪 50 年代中期到 60 年代末，美国人从电影和电视中比从学术书籍中更多地了解了美国殖民地时期和美国西部的历史。《还记得阿拉莫吗？》，这是约翰·韦恩（John Wayne）在屏幕上讲的历史课。大卫·克洛科特是一个影视角色，他成了一个重要的历史人物，而不是一个无名的小人物。[2] 在好莱坞长期致力于牛仔和拓荒者历史的前后，是漫画书而非教科书，是乡村歌曲而非历史年表，填补了西部片留下的

---

[1] Dorothy Ross, *The Origins of American Social Science*, Cambridge and New York: Cambridge University Press, 1994.
[2] 克洛科特从他的自传开始，他本人就为他心目中的英雄形象做出了贡献。但在电视剧和约翰·韦恩 1960 年的电影《阿拉莫》(*The Alamo*) 使他闻名全国之前，他的历史意义仍然有限。

空白。当时和现在一样，美国儿童和其他地方相当多的年轻男子通过扮演牛仔和印第安人，学会了将那段历史的许多部分主题化。

最后，行业协会反映了美国的社会和政治分歧，这是可以理解的。然而，凭借其专业的主张，行业协会不能直接表达政治观点，当然，活动家和游说人士则不然。因此，具有讽刺意味的是，对公民社会的特定部分来说，一个问题越重要，大部分专业历史学家所提供的对事实的解释就越含蓄。对大多数参与哥伦布登陆五百周年纪念争议的人来说，包括史密森尼博物馆（Smithsonian）关于埃诺拉·盖伊号（Enola Gay）轰炸机和广岛的"最终事实"（Last Fact）展览、奴隶墓地的发掘，以及越战纪念馆的修建，大多数历史学家的说法似乎都平淡无奇或毫不相干。在这些情况下，就像在其他许多情况下一样，那些和历史最有关系的人在学术的边缘寻找历史解释，而不是完全脱离学术。

然而，历史也在学术界之外被生产这一事实，却被各种历史理论忽视了。除了就专业历史学家受制于情境达成广泛而相对较新的共识外，对其他地方发生的但对研究对象有重大影响的活动几乎没有具体的探讨。可以肯定的是，这种影响本身并不那么符合一般的准则，这是大多数理论家面临的困境。我注意到，虽然大多数理论家从一开始就承认历史既包括社会过程，也包括关于这个过程的叙事,但各类历史理论实际上是偏袒一方,好像另一方无关紧要。

这种片面性是可能的,因为历史理论很少详细考察特定叙事的具体生产。叙事偶尔会以例证的形式出现,或者至多以文本的形式被解读,但其产生过程很少构成研究对象。[1] 同样,大多数学者会欣然承认许多地点都会有历史产生。但是这些地点的相对重要性随着环境的变化而变化,这些变化给理论家们带来了具象的负担。因此,将法国宫殿作为历史生产场所进行考察,有助于了解好莱坞在美国历史意识中的作用,但任何抽象的理论都无法提前设置那些规则,以控制法国城堡和美国电影对这两个国家学院派历史生产的相对影响。

具象化的负担越重,就越有可能被理论所忽略。因此,学院派历史最好的处理方式,也似乎认为在其他地方发生的事情在很大程度上是无关紧要的。然而,美国历史是在一个几乎没有小男孩想成为印第安人的世界里书写的,这真的无关紧要吗?

---

[1] 有些不同寻常的例外需要提起注意,如科恩的《历史的梳理》(Cohen, *The Combing of History*)、费罗的《被监视的历史:科学与历史意识》(Marc Ferro, *L'histoire sous surveillance: Science et conscience de l'histoire*)、塞尔托的《历史书写》(Michel de Certeau, *L'Écriture de l'histoire*),它们每一个都有自己的方式。

歧义的理论化和对权力的追踪

历史总是在特定的历史语境中生产出来的。历史的行动者同时也是叙述者，反之亦然。

叙事总是在历史中被生产的，如果这是对的，那么我认为有两个选择。首先，我认为历史叙事理论必须承认历史过程与历史叙事的区别和重叠。因此，虽然这本书将历史主要视为知识和叙事，[1] 但它完全包含了历史真实性两个方面固有的模糊性。

历史作为一种社会过程，涉及三种具有不同能力的人：（1）作为能动者，或结构位置的占有者；（2）作为行动者，与语境进行持续的互动；（3）作为主体，也就是说，作为意识到自己发声能力的声音。我所说的能动者，其经典例子是人们所属的阶层和群体，例如等级和地位，或者与这些能动者相关的角色。工人们、奴隶们、母亲们，都是能动者。[2] 对奴隶制的分析可以探索界定奴隶和奴隶主地位的社会文化、政治、经济和意识形态结构。

至于行动者，我指的是在时间和空间上具有特定能力的一组人，他们的存在和理解都基本建立在历史的细节上。对巴西

---

1 事实上，下文中出现的"历史"，大多数情况下，对这个词的使用主要是考虑到这一含义。我保留了词汇的社会历史过程，作为区分的另一部分。

2 我给这些人和其他结构位置的占有者贴上标签做标记，以便在一开始就表明拒绝结构/机构二分法。结构位置既是有利的，又有局限性。

和美国的非裔美洲奴隶的比较,如果超出了统计表的范围,就必须处理那些界定了可比较情境的历史细节。历史叙事涉及特定情境,从这个意义上讲,它们必须将人类视作行动者。[1]

但是,人民也是历史的主体,就像工人是罢工的主体一样:他们界定了描述某些情境的方式。从纯叙事观点来看,也就是说,排除我们通常贴上说明或解释的标签的干预,作为历史事件的罢工,如果不把工人们的主观能力作为描述的中心部分,我们就无法描述一场罢工。[2] 仅仅说明他们不在工作场所是远远不够的。我们需要说明的是,他们集体决定在本该正常的工作日待在家里。我们还需要补充的是,他们共同执行了这一决定。这样的描述考虑到了工人们作为行动者的地位,但即使这样也不是对罢工的恰当描述。实际上,在其他一些语境中,这样的描述可以解释其他内容。工人们也可能做出这样的决定:如果今晚的降雪量超过 25 厘米,我们明天就没人来上班了。如果我们认为行动者之间的操纵或解释错误的情形可能出现,可能性就会变得无限多。因此,除了将工人们视为行动者之外,关于罢工的足够充分的叙事还需要表明工人是有目的的主体,他们有意识地发出自己的声音。这就需要他们用第一人称说话,

---

1　参见 Alain Touraine, *Le Retour de l'acteur*, Paris: Gallimard, 1984, 14–15。
2　我在这里展开论述了朗西曼的作品:W. G. Runciman, *A Treatise on Social Theory*, vol. I: *The Methodology of Social Theory*, Cambridge: Cambridge University Press, 1983, 31–34。

或者至少，需要改写成第一人称。这种叙事必须能让我们明白工人们拒绝工作的原因，以及他们认为自己在追求的目标是什么——即使这个目标仅限于表达抗议。简而言之，只有当工人们认为他们在罢工时，一场罢工才是真正的罢工。他们的主体性是事件的组成部分，也是对该事件任何令人满意的描述所不可或缺的。

工人们工作的时间比罢工多得多，但罢工从未完全脱离工人们的境况。换句话说，人们并不总是像某些学者所希望的那样经常面对历史，但他们成为历史主体的能力始终是他们自身条件的一部分。这种成为主体的能力必然带来混乱，因为它使人具有双重的历史性，或者更恰当地说，具有充分的历史性。它使人类同时参与社会历史过程和关于这个过程的叙事建构。接纳这种我所说的历史真实性的两个方面所固有的模糊性，是这本书的第一选择。

本书的第二个选择，是对历史生产过程的具体关注，而不是对历史本质的抽象关注。对历史本质的追寻，使我们否认了历史的模糊性，要么在任何时候都精确地划定历史过程和历史知识之间的分界线，要么在任何时候都把历史过程和历史叙事混为一谈。因此，在机械的"现实主义"和天真的"建构主义"极端之间，更严肃的任务不是确定历史是什么（如果要从本质主义角度下定义，这是一个无望的目标），而是搞明白历史如何运作。因为历史是随时间和地点而变化的，或者更确切地说，历史只能通过特定叙事的生产来揭示自己。最重要的是这种叙事生产的过程和条件。只有关注这一过程，才能揭示出在特定背景下，历史真实性的两个方面是如何相互交织的。只有通过这种重叠，我们才能发现权力的不同运行方式，如何使一些叙事成为可能，而使另一些叙事沉默。

追踪权力需要采用比大多数理论家承认的更丰富的历史生产观念。我们不能预先排除任何参与历史生产的行动者或生产可能发生的任何地点。在专业历史学家之外，还有不同类型的工匠，无薪或不被认可的实地劳动者，他们增加、转移或重组了专业人士的工作，他们是政治人物、学生、小说家、各种电影制作人和参与的公众。这样一来，我们对学院派历史本身就有了更复杂的认识，因为我们不认为专业历史学家是历史生产过程中的唯一参与者。

这个更全面的观点扩展了生产过程的时间界限。我们可以看到，这个过程比大多数理论家承认的开始得更早，也持续得更久。这一过程并不会因为专业历史学家的研究而形成最终定论，因为公众很有可能会对历史做出贡献，哪怕只是在学术生产之外——或针对学术作品——加入自己的解读。也许更重要的是，由于历史作为社会过程和历史作为知识之间的重叠是流动的，任何事件的参与者都可能在历史学家到达现场之前，就开始对该事件进行叙事的生产。事实上，针对某个实际事件的历史叙事可以先于事件本身，至少在理论上是这样，在实践中或许也是这样。马歇尔·萨林斯（Marshall Sahlins）认为，夏威夷人将他们与库克船长的遭遇解读为预言死亡的编年史。但这样的活动并不局限于没有历史学家的民族。关于冷战结束的叙事在多大程度上符合资本主义身披骑士盔甲这种预先包装好的历史？威廉·刘易斯（William Lewis）认为，罗纳德·里根（Ronald Reagan）的政治优势之一在于，他有能力将自己的总统任期写入有关美国的预先包装好的叙事模式中。概览历世历代的世界历史生产，我们会看到，光凭专业历史学家，是无法为他们的故事设定叙事框架的。通常情况下，其他人已经进场并开启了沉默的循环。[1]

这种扩展的观点是否仍然允许对历史叙事的生产进行适当的概括？如果我们同意这样的概括可以增强我们对具体实践的理解，但不提供实践应该遵循或阐明的蓝图，那么这个问题的答案绝对是肯定的。

沉默会在四个关键时刻进入历史生产的过程：事实创造的

---

[1] Ferro, *L'Histoire sous surveillance*; Marshall Sahlins, *Historical Metaphors and Mythical Realities: Structure in Early History of the Sandwich Islands Kingdom*, Ann Arbor: University of Michigan Press, 1981; Hélène Carrère d'Encausse, *La Gloire des nations, ou, la fin de l'empire soviétique*, Paris: Fayard, 1990; Francis Fukuyama, *The End of History and the Last Man*, New York: Free Press, 1992; William F. Lewis, "Telling America's Story: Narrative Form and the Reagan Presidency," *Quarterly Journal of Speech 73* (1987): 280–302.

时刻（史料的创造），事实被汇编的时刻（档案的制作），事实再现的时刻（叙事的形成），以及产生追溯性意义的时刻（最终创造历史）。

这些时刻是概念性的工具，是对相互作用的过程的二级抽象。因此，它们并不是要对某个叙事生产过程做实际的描述，而是要帮助我们理解为什么不是所有的沉默都是平等的，以及为什么它们不能以同样的方式被处理或纠正。换句话说，任何历史叙事都意味着一批特定的沉默，这是一个独特过程的结果，而解构这些沉默所需的操作也会随之不同。

本书中使用的策略反映了这些不同。接下来的三章中讨论每一种叙事都结合了不同类型的沉默。在每一种情况下，这些沉默纵横交错，或随着时间的推移而累积，产生一种独特的融合物。针对每一种叙事，我会使用不同的方法来揭示这种融合中的惯例和张力。

在第二章中，我描绘了一个从奴隶变成上校的人物形象，他现在是海地革命中被遗忘的人物。尽管史料匮乏，但在我所研究的文献中可以找到讲述他的故事所需要的证据。我只是重新排列组合了证据，以产生新的叙事。我所提出的这另一种叙事，它的发展揭示了在此之前依然埋葬着上校故事的那种沉默。

西方史学对海地革命的全面沉默是第三章的主题。这种沉默也是由于在史料、档案和叙事生产方面力量的不平衡。但如果我是正确的,这场革命在爆发时是难以设想的,那么这个故事的无关紧要性已经铭刻在史料中,不管史料揭示了另外的什么。这里没有新的事实,甚至没有被忽视的事实。在这里,我必须让那些沉默自己开口说话。我通过将当时的氛围、历史学家们关于海地革命本身的著作,以及对世界历史的叙事放在一起来做到这一点,在这些叙事中,最早的沉默的效果变得完全可见。

第四章的主题"美洲的发现",为我提供了另一种组合,这种组合需要用第三种策略来处理。这一主题的史料和叙事都很丰富。在1992年以前,人们甚至有一种感觉(尽管是虚假的、最近才形成的),似乎哥伦布第一次航行的意义在全球范围内达成了一致。历史著作中的主要信条受到看似强化了这一意义的公众庆祝活动的影响和支持。有这么多资料,沉默与其说是由于缺乏事实或解释,不如说是由于对哥伦布角色的挪用相互矛盾。在这一章,我没有像第二章那样就同一个故事做出新的解读,甚至没有像第三章那样提出一些替代性的解释。我所做的,是展示出围绕哥伦布的所谓共识,实际上如何掩盖了冲突的历史。这种方法论上的实践,以对哥伦布大发现的竞争性盗用的叙事而告终。沉默出现在先前阐释者相互冲突的阐释的间隙中。

因此,历史叙事的生产不能仅仅通过列出沉默发生的年代来研究。我在这里划分出的种种时刻在现实时间中是重叠的。

作为启发式的工具，它们只是将历史生产的某些方面具体化，这些方面可以最好地揭示权力何时何地进入故事。

但是，即使是这种说法也具有误导性，因其也可被理解为暗示权力存在于故事之外，因此可以被屏蔽或剥夺。权力是故事的组成部分。通过各种"时刻"追踪权力，只是有助于强调历史生产的根本过程特征，从而坚持表明历史如何运作比历史是什么更重要；权力本身与历史共同作用，以及历史学家宣称的政治偏好对大多数实际的权力实践几乎没有影响。福柯的警告很有帮助："我不相信'谁行使权力？'这一问题可以被解决，除非另一个问题'这是怎么发生的？'被同时解决。"[1]

权力不是一劳永逸地进入故事，而是在不同的时间，从不同的角度进入的。它先于叙事本身，在叙事的创造和解释中发挥作用。因此，即使我们能想象出一段完全科学的历史，即使我们把历史学家的偏好和利害关系放到描述之后的另一阶段，权力依然和叙事紧密相关。在历史中，权力从史料阶段就开始动作了。

在替代性叙事的生产中，权力的动作始于事实和史料的联合创造，至少有两个原因。第一，事实从来都不是没有意义的：

---

[1] Michel Foucault, "On Power" (original interview with Pierre Boncenne, 1978) in Michel Foucault, *Politics, Philosophy, Culture. Interviews and Other Writings*, ed. Lawrence D. Kritzman, New York and London: Routledge, 1988, 103.

其实，它们之所以成为事实，是因为它们在某种意义上很重要，无论程度有多轻。第二，事实不是被平等地创造出来的：历史痕迹与沉默总相伴而生。有些事实从一开始就被记录下来，另一些则不为人所知。有些事实刻印在个人或集体的身体上，另一些则不然。有些事实留下了物质的标记，另一些则没有。发生的事情留下了痕迹，其中一些痕迹非常具体——建筑物、尸体、人口普查、纪念碑、日记、政治边界——为任何历史叙事的范围和意义都做了限定。这就是任何虚构作品都不能被当作历史的众多原因之一：社会历史过程的物质性（历史真实性1），为未来的历史叙事（历史真实性2）奠定了基础。

第一个时刻的物质性是如此明显，以至于我们中的一些人认为它是理所当然的。它并不意味着事实是在永恒的印记下等待被发现的毫无意义的物体，更确切地说，历史始于身体和人工制品：活着的人的大脑、古董、文本和建筑等。[1]

物质的体量越大，我们就越容易陷入困惑：万人坑和金字塔拉近了我们和历史的距离，也让我们感到自己的渺小。一处城堡、一座堡垒、一处战场、一座教堂，所有这些比我们更大的东西，我们都注入了过往生活的现实，似乎都在谈论着我们所知甚少的东西，我们只知道自己是其中的一部分。它们太过

---

[1] 口述历史并不能逃脱这一法则，除非在口耳相传的情况下，事实创造的时刻不断地在参与这种传播的个人的身体中延续。历史的源头是生机勃勃的。

坚实而不可被忽视，太过引人注目而不容易被人接受，它们体现了历史的模糊性。它们给了我们触摸历史的力量，但并不能让我们把历史牢牢地握在手中——这就是为什么它们被摧毁的墙壁如此神秘。我们想，它们的具象性可能隐藏了极深的秘密，任何揭示都不能完全驱散它们的沉默。我们可以想象迫击炮下的生活，但我们如何才能意识到这无底的沉默的终结呢？

第二章

Sans Souci 的三副面孔——海地革命的荣耀与沉默

　　我默默地走在破旧的墙垣之间，试图猜测它们永远不敢讲的故事。我从天亮就一直待在这座堡垒中。我故意与我的同伴走散：我想独自踮着脚尖走过历史的遗迹。我四处随意触摸，一块石头，一块挂在迫击炮上的铁片，不知出于什么原因，被不知名的某个人丢在了这里。我差点被铁轨绊倒，水泥地面上有一个很深的缺口，通向一个黑暗的角落，里面丢弃着一门大炮。

　　在小巷的尽头，突然出现的阳光让我大吃一惊。我立刻看到了那座坟墓，露天庭院中央的一块不怎么起眼的水泥。穿过达尔姆广场（the Palace d'Armes），我想象着皇家骑兵，黑皮肤的男人和女人，骑着他们的黑马，发誓要战斗到死，他们拒绝放弃这座堡垒回到奴隶制度。

第二章 Sans Souci 的三副面孔——海地革命的荣耀与沉默

我跳出我的梦境,来到这一堆混凝土前。当我走近时,石头上的字母变得更加明显。我不需要看碑文就知道躺在混凝土下面的那个人是谁。这里曾是他的堡垒,他的王国,他最大胆的建筑——城堡,他的石头和骄傲的遗产。我弯下腰,让我的手指在大理石铭牌上奔跑,然后闭上眼睛,让事实慢慢沉淀、明晰。我离克里斯托夫——海地国王亨利一世的遗体是如此之近。

我知道那个人。我和海地的所有小学生一样,在历史课本上读到过他的事迹,但这并不是我感觉与他亲近的原因,也不是我想与他更亲近的原因。他不仅是一位英雄,还是我全家人的朋友。当我还是个孩子的时候,我的父亲和叔叔就滔滔不绝地谈论他。他们经常批判他,至于原因,我并不总是很明白,但他们也为他感到骄傲。他们都属于克里斯托夫国王之友协会,这是一个小型的知识分子联谊会,其中包括艾梅·塞泽尔(Aimé Césaire)和阿莱霍·卡彭铁尔(Alejo Carpentier)——我知道他们很有名。当时,我觉这个协会有点像一个从事中世纪秘密仪式的粉丝俱乐部。后来我发现自己并不是完全错误的。亨利·克里斯托夫的作家朋友们——那些剧作家、小说家和历史学家是记忆的炼金术士,他们自豪地守护着一个他们既没有生活过也不愿意分享的过去。

伟岸的城堡高耸在我的头顶上,我独自站在达尔姆广场上,我的眼睛仍然闭着,在清晨的阳光下,我的脑海里浮现出的影像太过明亮,无法定格。我试图回忆起亨利在他人生不同阶段的样子。我看过他的许多画像,但没有一幅能记起来。我在这里能找到的只有这块石头和散落在院子里几英尺外冰冷的炮弹。我进一步认识了自己。遗迹在我的眼皮后面舞动着,形状和颜色瞬息万变:圣亨利皇家之星、我父亲拿过的一枚奖章、一件绿色的服装、一把单色的皇家军刀、一枚我曾经触摸过的旧硬币、一辆我曾经想象过的马车。这些就是我对克里斯托夫的记忆,但当我最需要它们的时候,它们却使我失望了。

我睁开眼睛,看见城堡巍然耸立在天空下。记忆是由石头砌成的,亨利一世建造了比现实中的城堡和宫殿更多的记忆之城,以便我们游走其中纪念他。走到阳台边,我想象着像他那样打量着这个王国:田野、道路、隐藏于现在中的过去;在云层的正下方,是国王最喜欢居住的行宫——无忧宫(Sans Souci)的皇家城墙。

无忧宫:一座宫殿

在海地共和国的北部山区,有一座名为"无忧宫"的古老宫殿,许多城市居民和附近的农民都将其视为海地最重要的历史遗迹之一。这座宫殿——仅存的遗迹——坐落在米洛特镇(Milot)周围较高群山之间的一片小高地上。仅凭其规模,或者人们现在能猜到的它的大小,它就已经令人印象深刻。无忧宫的建立是为了灌输一种持久的尊重,现在仍然如此。人们不会偶然发现这些废墟,它们都太过偏远,而且在海地境内经常被提及,因此这种相遇不可能完全是偶然的。任何一个被海地旅游局的海报或这种那种关于荣誉的叙事所吸引而来到这里的人,至少对海地的历史略知一二,并且认为历史在这些摇摇欲坠的围墙内沉睡着。任何来到这里的人都知道,这座巨大的住宅建于19世纪早期,是当时刚刚脱离奴隶制的黑人们为一位黑人国王建造的。因此,旅行者很快就被无忧宫当下的凄凉和一种早已消逝的隐约的荣耀吸引了。这里没什么可看的东西,却有太多可推断的东西。任何到这里来的人都来得太迟了,在曾经的那次巅峰之后,几乎没有什么保存下来,但也因为它的时间足够早,所以可以大胆想象它可能是什么。

它可能是什么,并不完全交给游客去想象。很快,当地的一个农民就会强行做你的临时向导。只要付很少的一点费用,他就会带你穿过废墟,会和你谈论"无忧宫"。他会告诉你,这座宫殿是由亨利·克里斯托夫建造的,他是海地革命的英雄,他与奴隶制做斗争,在法国战败和1804年独立后不久,成为海

34

海地国王亨利一世，[英]理查德·埃文斯（Richard Evans）绘

地的国王。这个向导可能会，也可能不会提到，海地曾被分裂成两个国家，而克里斯托夫统治着北部。他可能知道，也可能不知道米洛特（Millot）（——译者按：原文如此）是法国殖民时期的一个古老种植园，克里斯托夫在革命期间接收并管理了一段时间；但是他一定会讲述克里斯托夫登基时在无忧宫举行的奢华的宴会，宴会上有丰盛的晚餐、舞会和华丽的服饰。他可能会告诉你，无论在经济成本上还是在劳动力的损失上，代价都是沉重的：国王既富有又残忍。在建造他最喜欢的住宅、附近的城镇以及邻近的亨利城堡时，成百上千的海地人丧生，原因要么是恶劣的劳动条件，要么是他们因为轻微违反纪律而被行刑队枪决。在这一点上，你可能开始怀疑无忧宫是否值得付出这个代价。但是这个农民会继续描述这处宅地。他会详细描述它那现在已被剥蚀的巨大花园，它的附属设施也已不复存在，尤其是它的供水设施：它的人造喷泉和穿过墙壁的隐蔽通道，据说是为了在夏天给城堡降温。用一位带我参观废墟的老手的话来说："克里斯托夫让水在这些墙里流动。"如果你的向导足够老练，他将保留这个秘密，直到最后他才告诉你：这样可以勾起你的想象，他将带着一丝骄傲宣称，这种奢侈是为了给那些白人或外国人留下深刻印象，旨在让世人看到黑种人能力无可辩驳的证据。[1]

在以上提到的以及其他的许多方面，各种印刷品展现出来的记录——那些在1842年地震前看到了无忧宫和米洛特镇的人们留下的照片和文字——证实了这个农民讲述的故事的核心和一些惊人的细节。克里斯托夫死后几天，地理学家卡尔·李特尔（Karl Ritter）为这座宫殿画了一幅素描，他发现它"非常壮观"。英国游客约翰·坎德勒（John Candler）认为这是一座废弃建筑，他认为这座建筑风格低劣，但他承认，在克里斯托夫的时代，这座建筑一定"富丽堂皇"。美国内科医生乔纳森·布朗（Jonathan Brown）写道，无忧宫曾享有"西印度群岛最宏伟建筑之一的美誉"。作家们还保留了对供水设施的简单描述：克里斯托夫并没有让水在墙内流动，但是无忧宫的确有人造喷泉和大量的供水设施。同样，国王冷酷无情的名声在种种著作中也得到了充分的体现，其中一些是他同时代的人写的；专业历史学家们不能确定的，仅在于宫殿建造过程中死亡工人的实际数量。克里斯托夫的种族自豪感也是众所周知的，这从他遗留下来的信件中体现出来；从马提尼克[2]剧作家和诗人艾梅·塞泽尔到古巴小说家阿莱霍·卡彭铁尔，都从这种自豪感中受到

---

1 我还没有对无忧宫的口述历史进行过实地考察。我怀疑口述史档案中的内容比这里简述的内容要多得多。我的简述只包含这一地区的"流行"知识，而这些知识是经过导游的例行表演筛选过的。

2 马提尼克，向风群岛最北端的岛屿，法国海外省及大区，首府法兰西堡。——译者注

第二章　Sans Souci 的三副面孔——海地革命的荣耀与沉默　　49

启发。早在这种自豪被虚构出来之前，克里斯托夫最亲密的顾问之一，王国大臣瓦伦丁·德·瓦斯蒂男爵（Baron Valentin de Vastey）就先于非洲中心主义一个多世纪用浮夸的语言形容1813 年的"无忧宫"和毗邻的米洛特皇家教堂的落成："这两座由非洲人的后裔建造的建筑，表明我们并没有失去我们祖先的建筑品位和天赋，他们宏伟的纪念碑遍及埃塞俄比亚、埃及、迦太基和古西班牙。"[1]

虽然书面记录和当地导游传递的口述历史在大多数实质性问题上都很接近，但有一个重要的话题，农民们仍然更倾向于避而不谈。如果被问及宫殿的名字，即使是新手导游也会相当正确地回答说，"san sousi" 在海地语中的意思是"无忧无虑的"（就像法语中的"sans souci"一样），这个词通常被用来形容那些对什么都不担心的人。有些人甚至可能会补充说，这个短语恰如其分地描述了国王本人，或者至少是他寻求放松和无忧无虑生活的一面。其他人可能还记得，在克里斯托夫统治时期，无忧宫的名字被扩展到宫殿周围新建的城镇，现在是一个

---

[1] Karl Ritter, *Naturhistorische Reise nach der westindischen Insel Hayti* (Stuttgart: Hallberger'fche Berlagshandlung, 1836), 77; John Candler, *Brief Notices of Haiti: with its Conditions, Resources, and Prospects* (London: Thames Ward, 1842); Jonathan Brown, *The History and Present Condition of St. Domingo* (Philadelphia: W. Marshall, 1837), 186; Prince Sanders, ed., *Haytian Papers. A Collection of the Very Interesting Proclamations* (London: Printed for W. Reed, 1816); Aimé Césaire, *La Tragédie du roi Christophe* (Paris: Présence Africaine, 1963); Alejo Carpentier, *The Kingdom of This World* (New York: Alfred A. Knopf, 1983［1949］); Pompée Valentin Baron de Vastey, *An Essay on the Causes of the Revolution and Civil Wars of Hayti* (Exeter: printed at the Western Luminary Office, 1923［1819］), 137.

37 乡村小镇，通常被称为米洛特。但是很少有导游会主动说"Sans Souci"也是一个人的名字，而且，这个人是被亨利·克利斯托夫亲手杀死的。

战争中的战争

在与海地独立战争相关的历史著作中，人们经常提到桑斯·苏奇（Sans Souci）这个人的死亡情况，尽管通常只是一带而过，很少有细节描写。海地革命的主要故事线——预示着美洲奴隶制的终结，并最终使得海地从法属圣多明各的废墟中诞生——这里只做一个简要介绍。1791年8月，圣多明各北部的奴隶们发动了一场起义，并蔓延到整个法属殖民地，最终演变成一场成功的革命，推翻了奴隶制和法国的殖民统治。这场革命从最初的起义延续到1804年1月海地宣布独立，历时近13年。

这条道路上的关键标志是法国不断妥协，以及在克里奥尔黑人杜桑·卢维杜尔领导下，参加革命的奴隶不断取得的政治和军事成就。1794年，法国正式废除了奴隶制，承认了武装奴隶事实上获得的自由。不久之后，卢维杜尔和他的军队归顺法国。从1794年到1798年，他与控制该岛东部的西班牙人作战，并帮助法国抵抗英国军队的入侵。到1797年，这位黑人将军已经成为法属圣多明各最有影响力的政治和军事人物。他的"殖民地"军队主要由之前的奴隶们组成，一度超过2万人。1801年，他成功地夺取了西班牙控制的伊斯帕尼奥拉岛，从而控制了整个岛屿。虽然卢维杜尔以法国的名义执政，但他颁布了一部独立宪法，宪法承认他是拥有绝对权力的终身统治者。

大革命时期的法国非常关注海地的事态发展。大都市中的许多人和殖民地中的大多数白人都在等待机会来恢复旧秩序。这个机会与法国执政府一同出现。第一执政拿破仑·波拿巴利用他在雾月十八日政变后的相对稳定，准备了一次远征，并秘密指示在圣多明各重新建立奴隶制。最让我们关注的历史图景始于1802年法国军队登陆，持续了不到一年。

拿破仑的妹夫，波利娜·波拿巴的丈夫夏尔·勒克莱尔（Charles Leclerc）将军率领了这次法国远征。当勒克莱尔到达圣多明各时，亨利·克里斯托夫将军是卢维杜尔军队在该国北部的一个关键人物，也是这个殖民地最重要的城镇法兰西角[1]的负责人。克里斯托夫出生在邻近的格拉纳达，早在1791年起义之前，他就是一个自由人，对当时的黑人来说，克里斯托夫的生活经历异常丰富；他当过帮厨，当过大管家，当过旅馆经理。他在佐治亚州的萨凡纳战役中受了轻伤，当时他在德斯坦伯爵

1　法兰西角，现名海地角（Cap-Haïtien）。——译者注

团与美国革命者并肩作战。当法国军队抵达法兰西角时,勒克莱尔立即给克里斯托夫下了最后通牒,威胁说如果黑人们在天亮前还不投降,就率领 1.5 万人的军队入侵该镇。克里斯托夫给勒克莱尔写了一封带有强烈个人色彩的回信:"如果你像你威胁我的那样入侵,我将给你一个将军所能做出的一切抵抗;如果命运偏爱你的武器,在我把法兰西角烧成灰烬之前,你不可能进入法兰西角,然后在灰烬上,我将继续和你战斗。"[1]

随后,克里斯托夫放火烧了他自己豪华的房子,并率领他的部队整军备战。

经过几个月的血战,勒克莱尔的部队粉碎了许多革命者的防线。1802 年 4 月,克里斯托夫投降并加入法国军队。克里斯托夫叛变后不久,其他一些杰出的黑人军官[包括卢维杜尔最重要的副手让-雅克·德萨林(Jean-Jacques Dessalines)将军]也加入了法国军队,很可能是在卢维杜尔的默许之下。1802 年 5 月初,卢维杜尔自己也屈服了。尽管一些曾经的奴隶拒绝了停火协议,并坚持零星的武装抵抗,但勒克莱尔还是利用有限的和平诱捕了这位黑人将军。1802 年 6 月,卢维杜尔被捕,并被押送至法国监狱。

克里斯托夫、德萨林和卢维杜尔相继投降后,武装抵抗却

---

[1] 引自 Thomas Madiou, *Histoire d'Haïti*, tome II: 1799—1803 (Port-au-Prince: Editions Henri Deschamps, 1989 [1847]), 172–173.

第二章 Sans Souci 的三副面孔——海地革命的荣耀与沉默

并没有完全停止。在卢维杜尔被流放后，局势进一步升级，特别是勒克莱尔下令解除所有前奴隶的武装，这些奴隶之前并不属于现在正式并入他军队的殖民地兵团。许多以前的奴隶，现在是自由耕种者或士兵，在卢维杜尔的被捕中看到了勒克莱尔的背信弃义。他们认为解除武装法令是法国打算重新建立奴隶制的又一证据。他们在 1802 年 8 月和 9 月加入抵抗运动，人数不断增加。到了 10 月，大多数在前一年夏天正式接受勒克莱尔统治的卢维杜尔追随者，率领他们各自的军队重新加入了抵抗运动。这些黑人军官与肤色较浅的自由人结成了新的联盟，在此之前，这些自由人一直支持远征。到 1802 年 11 月，德萨林在最杰出的自由人混血儿亚历山大·佩蒂翁（Alexandre Pétion）上将的支持下成为联盟的领袖，他曾是勒克莱尔军队中的一员。一年后，重组的革命部队获得了殖民地的完全控制权，法国承认失败，海地成为一个独立国家，德萨林是海地的第一位国家元首。

历史学家们对这些事实中的大部分，看法是一致的，海地人通常坚持强调其先辈们的勇气，而外国人，尤其是白种外国人，则通常强调黄热病在削弱法国军队力量中所起到的作用。这两方都只是顺便提到海地独立战争涉及两个以上的阵营。杜桑·卢维杜尔组建的、德萨林重组的军队不仅仅与法国远征军作战。在战争的关键时刻，一些黑人军官也转而反对他们自己的军队，实际上，他们参与了一场"战争中的战争"。

我称之为"战争中的战争"的一系列事件，从1802年6月持续到1803年年中。它主要包括两大战役：(1)第一场由黑人军官们领导的军队，在勒克莱尔的指挥下重新集结，以对付拒绝向法国投降的前奴隶（1802年6月至1802年10月）；(2)第二场由同一批将军和以佩蒂翁为首的自由有色人种军官联合领导的军队，与拒绝承认革命等级制度和德萨林最高权威的前奴隶们（1802年11月至1803年4月）作战。这个故事的关键是，在这两场战役中，领导人都主要是克里奥尔黑人（岛上的当地人，即加勒比人）。而持不同政见的另一方，是由主要来自刚果的博萨尔奴隶（Bossales）[1]组成和领导的。让-巴蒂斯特·桑斯·苏奇（Jean-Baptiste Sans Souci）的故事将这两场战役联系在一起。

桑斯·苏奇：一个人

让-巴蒂斯特·桑斯·苏奇上校曾是博萨尔奴隶，祖上可能来自刚果，从1791年起义开始，他就在海地革命中发挥了重要

---

[1] 博萨尔奴隶特指从非洲贩运至海地的黑奴。Bossales源于海地太子港的一个地名——Croix des Bossales，此处是海地独立前买卖黑奴的地方，即奴隶市场，贩卖刚从奴隶船上岸的黑奴，现在是一个菜市场。——译者注

作用。他的名字可能得自一个叫作 San Souci 的军营，这个军营毗邻瓦利耶尔（Vallières）和格兰德·里维埃（Grande Riviere）的教区。[1] 无论如何，就是在那个地区，我们才在书面记录中第一次找到他。1791 年 10 月，一名法国小官员格罗斯被奴隶们抓获，他指认桑斯·苏奇是叛军在格兰德·里维埃区红雀种植园建立的营地的指挥官。这个囚犯似乎只知道桑斯·苏奇的少许情况，他只把他描述为一个黑奴和"一个非常糟糕的人"（très mauvais sujet）。然而，由于格罗斯只在红雀营待了一晚，就被转移到另一个被前奴隶占领的种植园，他没有提供关于这个营地或其指挥官的任何细节。[2]

我们从其他来源了解到，桑斯·苏奇仍然活跃在同一地区。像其他刚果裔的军事领导人，他擅长游击战术，让人想起 18 世纪的刚果内战，这是海地革命中军事演变的关键。[3] 杜桑·卢维杜尔统一革命力量后，桑斯·苏奇保持了他的影响力，成为亨利·克里斯托夫的一个直属部下。在法国入侵时，他是格兰德·里维埃区的军事指挥官，当时这是圣多明各北部的一个重

---

[1] 让-巴蒂斯特·桑斯·苏奇在殖民时期发现了一片咖啡产区，命名为"Sans Souci"，这片地区位于现在的瓦利耶尔和蒙宾-克罗楚（Mombin-Crochu）之间，米洛特镇东南 40 千米处。如今，"Sans Souci"不仅指米洛特宫殿，还指位于蒙宾地区劳伦斯森林（Bois de Laurence）周围居住着数百居民的农村地区。Jean-Baptiste Romain, *Noms de lieux d'époque coloniale en Haïti. Essai sur la toponymie du Nord à l'usage des étudiants*, Port-au-Prince: Imprimerie de l'État, 1960.

[2] Gros, *Récit historique sur les évènements*, Paris: De l'Imprimerie Parent, 1793, 12–14.

[3] John K. Thornton, "African Soldiers in the Haitian Revolution," *The Journal of Caribbean History* 25, nos. 1, 2 (1991): 58–80.

要军事区，他最初的红雀营就在那里。在 1802 年 2 月到 4 月之间，他多次在他控制的地区战胜法国远征军。和许多其他黑人军官一样，卢维杜尔投降后，他默默地接受了勒克莱尔的胜利。我不知道有哪份文件表明了桑斯·苏奇的正式归顺，但至少在 6 月份，法国人提到他在殖民地的级别——这表明他是勒克莱尔军事组织中的一员。

苏奇归顺后正式待在法国军队的时间相当短，持续时间不到一个月。据勒克莱尔的报告，苏奇上校正在秘密地重组殖民地军队，并号召耕种者们加入新的起义，勒克莱尔于 1802 年 7 月 4 日下达了秘密命令，将其逮捕。法国将军菲利贝尔·弗雷西内（Philibert Fressinet）是拿破仑在意大利战役中的老将（当时，至少在名义上，他是克里斯托夫和苏奇的上级，严格意义上讲，他们都是法国的殖民地官员），他采取措施执行这一命令。但是，桑斯·苏奇并没有等待弗雷西内的到来。他率领大部分士兵叛逃，7 月 7 日，对邻近的一个法国营地发起猛烈攻击。弗雷西内随后写信给勒克莱尔："将军，我要提醒您，**被称作桑斯·苏奇的那个家伙刚刚反叛**，并试图为他的叛军赢得尽可能多的耕作者。他现在甚至包围了红雀营。亨利·克里斯托夫将军正在讨伐他。"[1]

---

1 Claude B. Auguste and Marcel B. Auguste, *L'expédition Leclerc, 1801—1803* (Port-au-Prince: Imprimerie Henri Deschamps, 1985), 189. 该引用里的黑体部分是我标注的，原文并未使用黑

第二章 Sans Souci 的三副面孔——海地革命的荣耀与沉默

从 7 月初到 11 月间，依次由克里斯托夫、德萨林和弗雷西内等人率领的殖民地部队和远征军试图制服桑斯·苏奇，但均以失败告终。与此同时，这名非洲人也赢得了其他黑人、士兵和耕种者的忠诚。他很快就成了一支庞大军队的领袖，这支军队的力量强大到至少足以让法国人持续关注。桑斯·苏奇主要采用游击战术，利用他对地形更多的了解和他的部队对当地环境更好的适应，来牵制住法国军队和仍然隶属于勒克莱尔的殖民地军队。当克里斯托夫、佩蒂翁和德萨林设法制服了其他抵抗的据点时，桑斯·苏奇的小部队极高的机动性，使得前者无法在他的移动和撤退中，将他从北部山区驱赶出来。[1]

1802 年 9 月初，勒克莱尔命令法国将军让·布德特（Jean Boudet）在法国将军让-巴普蒂斯特·布吕奈（Jean-Baptiste Brunet）和德萨林——当时法国人认为他是克里奥尔人高级军官中最能干的——的支持下，全力打击桑斯·苏奇。仅布吕奈一人就率领了 3000 人的部队。桑斯·苏奇的回击既迅捷又猛烈。在 9 月 15 日的大规模进攻后不久，勒克莱尔写信给拿破仑说："仅这一天我就损失了 400 人。"到 9 月底，桑斯·苏奇和他最重要的盟友马卡亚（Makaya）和西拉（Sylla）几乎扭转了该国

体。克里斯托夫和桑斯·苏奇之间长期存在敌意，其原因尚不清楚。法国人打算充分利用这场个人冲突，让克里斯托夫反对桑斯·苏奇。但克里斯托夫让他们失望了，他在第一场战役中并没有表现得很积极。参见 François Joseph Pamphile, Vicomte de Lacroix, *Mémoires pour servir à l'histoire de la révolution de Saint-Domingue*, 2 vols., Paris: Pillet Aîné, 1819, 220–221.

1　Auguste and Auguste, *L'expédition Leclerc*, 188–198.

北部的军事局势。他们从来没有长期占领过任何低地领土，如果说有什么低地的话；但是，他们使法国军队和他们的克里奥尔盟友也不可能安稳地做到这一点。[1]

形形色色的持不同政见的团体（主要由非洲人组成，其中最重要的是那些受桑斯·苏奇控制或影响的人）的持续抵抗，以及他们对法国人的不断骚扰，给勒克莱尔和他指挥下的克里奥尔人军官造成了无法维持的局面。一方面，身患疟疾和暴躁郁闷的勒克莱尔（他在战争结束前就去世了）很少注意隐藏他的最终计划：驱逐大多数黑人和黑白混血儿官员，恢复奴隶制。另一方面，克里奥尔人军官发现自己一直被法国人怀疑与苏奇或抵抗运动的其他领导人有勾结，这些军官越来越倾向于反叛。到1802年11月，大多数殖民地军官又一次转而反对法国，德萨林、佩蒂翁和克里斯托夫结成新的联盟，德萨林被公认为是新联盟的军事领袖。

但正如一些曾做过奴隶的人拒绝归顺法国那样，一些人（通常是同样的人）对新的革命等级制度提出了质疑。让-巴蒂斯特·桑斯·苏奇显然谢绝了新领导人多次向他发出的加入他们队伍的邀请，他认为对法国人的无条件抵抗使他不必服从他

---

[1] 法国将军庞菲勒·德·拉克鲁瓦（Pamphile de Lacroix）是圣多明各远征队的老兵，他后来在回忆录中提到，他对桑斯·苏奇的军事效力感到惊讶，克里斯托夫本人也几乎暗示，如果殖民地军队采用了与桑斯·苏奇类似的游击战术，他们就不会输掉对法战争的第一阶段。Lacroix, *Mémoires*, 219, 228.

第二章　Sans Souci 的三副面孔——海地革命的荣耀与沉默

以前的上司们。他不会在那些对自由事业的忠诚度至少是可疑的人手下服役；而且他尤其憎恨克里斯托夫，认为克里斯托夫是叛徒。正是在战争的第二阶段，桑斯·苏奇走向了死亡。几周内，克里奥尔人将军战胜了大多数持不同政见者。桑斯·苏奇反抗的时间比大多数人都要长，但最终同意与德萨林、佩蒂翁和克里斯托夫协商他在新等级制度中的角色。在其中一次会议上，他几乎向德萨林保证，他将承认德萨林的最高权力，从而在实际上推翻了他自己的异议，但他本人似乎并没有屈服于克里斯托夫。不过，克里斯托夫还是要求和他以前的下属再见一次面。苏奇出现在克里斯托夫的总部——大普雷（Grand Pré）种植园，只带了一名小卫兵。他和他的追随者们倒在克里斯托夫士兵的刺刀下。

大多数关于海地独立战争的书面描述都提到了桑斯·苏奇的存在和死亡。同样，研究克里斯托夫统治的职业历史学家们总是关注国王对宏伟建筑的喜爱，以及他对米洛特宫的偏爱，那是他最喜欢的住所。但很少有作者会对这座宫殿的奇特名字感到困惑。更少有人对这个显而易见的事实发表评论：它的名字和克里斯托夫在建造他的皇家住宅十年前杀死的那个人的名字是一样的。甚至更少的人会注意到（更不用说强调）有三个而不是两个"Sans Souci"：一个人和两座宫殿。在克里斯托夫加冕之前 60 年，普鲁士君主腓特烈大帝在离柏林几英里远的波茨坦镇的一座山上，为自己建造了一座宏伟的宫殿。这座宫殿被称为"无忧宫"（Sans Soucis），是欧洲启蒙运动时期的一处名胜，一些观察人士称它是米洛特宫在建筑目的上的灵感来源，或许也是建筑设计风格的来源，进而后者也被称为无忧宫。

重新审视 Sans Souci

Sans Souci 的三副面孔有着不同层次的沉默，为审视历史生产的手段和过程提供了许多有利的视角。历史生产不平衡力量的具体标志，也可以通过触摸、观看和感受的力量来表达，它们包括一系列物质，从波茨坦的坚固宫殿到上校失踪的遗体。它们也为我们提供了一个具体的例子，说明了历史进程中的不平等和历史叙事中的不平等之间的相互作用，这种相互作用早在历史学家（以收藏家、讲述者或翻译者的身份）出现之前就开始了。

尽管对弱者和失败者有浪漫主义的重新评价，但各种出发点是不同的。波茨坦的无忧宫闻名世界的方式，是米洛特的无忧宫永远做不到的。波茨坦的无忧宫仍然矗立着。大量的石块和灰浆保留了它大部分的形状和重量，它仍然保持着洛可可式的优雅。事实上，腓特烈大帝的继任者通过在腓特烈去世那年重建腓特烈的房间，开始了对其历史的维护，并将其转化成为某种档案。腓特烈大帝的遗体放在他那保存完好的棺材里,已经成为德国历史的一个标志。希特勒站在腓特烈大帝在波茨坦的陵墓前,宣布了第三帝国的成立。当苏联军队进入柏林时,忠诚的德国军官将棺材从波茨坦运走。20世纪90年代初,德国总理科尔将灵柩重新安葬在波茨坦无忧宫的花园里,以表达对德国重新统一的敬意,这也是德国重新统一的象征。腓特烈大帝被重新埋葬在他几条心爱的狗旁边。腓特烈大帝死后两个世纪,他和他的宫殿都具有一种历史既需要解释又需要承认的物质性。

与波茨坦无忧宫相比,米洛特的无忧宫是一处废墟。它的城墙因内战、疏于管理和自然灾害而遭到破坏。从克里斯托夫死的那一年开始,自然的衰退就开始了,而且逐年加速。克里斯托夫没有政治上的继承人,当然也没有急于保住他私人领地的直接继承人。他在起义中自杀身亡,而接管他王国的共和国的统治者们,也不希望把无忧宫变成一座纪念碑。尽管克里斯托夫在去世前被视为神话般的人物,但他真正成为民族英雄的时间要晚得多。不过,和腓特烈大帝一样,他也被安葬在他最著名的建筑——亨利城堡里,现在是联合国教科文组织世界遗产地标性建筑,就在无忧宫的不远处。米洛特宫本身已经成为一座纪念碑,尽管它反映了海地政府和人民在投资历史保护方面,手段和决心两个方面都很有限。虽然有两名海地建筑师倾

今日的米洛特无忧宫

注了心血，但其修复工作的进度仍然滞后，部分原因是缺乏资金。此外，即使是一个重建的米洛特无忧宫，也不会像一个定期维护的历史遗迹，比如波茨坦的宫殿那样，拥有同样的历史地位。而周边的米洛特镇则已经失去了历史意义。

至于上校的遗体，说它"失踪"多少有些误导，因为从来没有这样的报道。据我们所知，没有人认领过它，关于它的记忆甚至不存在于生活在米洛特或周围地区的他的后代身上——如果有的话。此外，尽管我们都知道克里斯托夫和腓特烈大帝的长相，因为他们都希望，也有权力把自己的五官刻画下来留给后代，但 Sans Souci 的三副面孔中的其中一副可能已经永远消失了，至少在物质的形态上是这样。亨利一世委托理查德·埃文斯（Richard Evans）创作的皇室肖像，在最近的许多著作中都得到了复制，桑斯·苏奇的相貌却仍然无法确认，上校的画像并没有留存下来。简而言之，因为历史的痕迹本质上是不均匀的，所以史料并不能被平等地创造出来。

但是，如果说现存的不平等产生了不平等的历史权力，那么其生产方式我们尚未确定。历史权力的分配并不一定会复制行动者所经历的不平等（胜利或失败、获得或失去）。历史权力并不是对过去事件的直接反映，也不是从行动者的角度或从任何"客观"标准的角度衡量的对过去不平等的简单相加，即使是在最初的那一刻。法国在炮兵方面的优势、桑斯·苏奇的战略优势和克里斯托夫的政治优势都可以被证明，但是没有相应的证明能够使我们预测它们在当时和现在的相对重要性。同样，史料也没有概括它们所证实的事件的全部意义。

此外，结果本身并不以任何线性方式决定一个事件或一系列事件如何进入历史。法国远征军在海地战争中失败了。（他们认为他们做到了，他们也确实做到了。）同样，在黑人阵营中，桑斯·苏奇上校是输家，克里斯托夫是政治上和军事上的最终赢家。然而，杜纳坦·罗尚博将军（Donatien Rochambeau，勒克莱尔的继任者，法国远征军的指挥官）保存的文件显示，有

50多条关于法国将军弗雷西内的记录，尽管以任何人的标准来看，弗雷西内在圣多明各战役中都是一个微不足道的人物。相比之下，关于克里斯托夫的有 11 条目，不过我们知道勒克莱尔和罗尚博对克里斯托夫的思考比对弗雷西内多得多。而桑斯·苏奇——他差点打乱法国和殖民地军官的计划，甚至在中途迫使双方改变策略——只获得了唯一的一个条目。[1]

对我们来说，具象化为史料（将事件转化为事实的文物和其他实体）或档案（被收集、专题化、处理为文献和历史纪念碑的事实）的历史，其存在和消失既不是中立的，也不是自然的。它们是被创建出来的。因此，它们不仅仅是存在和消失，而且是各种不同种类和程度的叙述或沉默。我所说的沉默指的是一种主动的、可传递的过程：一个人"沉默"了一个事实或一个人，就像消音器使一把枪消声一样。有人在从事沉默的实践。因此，叙述和沉默都是积极的、辩证的对等物，历史就是它们的综合。几乎每一次提到"无忧宫""宫殿""这座建筑本身对历史的还原"，实际上都让"桑斯·苏奇""他这个人""他的政治目标""他的军事天才"沉默了下来。

行动者经历的不平等导致了记载和遗迹中不平衡的历史权力。建立在这些记述上的史料，反过来又使某些事件优先于其

---

[1] Laura V. Monti, *A Calendar of the Rochambeau Papers of the University of Florida Libraries*, Gainesville: University of Florida Libraries, 1972.

他事件，而且并不总是行动者认为应该优先的事件。因此，史料是被纳入考虑的情况，其反面则是被排除在外的情况。对于我们这些已经知道（尽管比我们想要铭记的时间更晚）史料即意味着选择的人来说，这一点可能已经足够明显了。但是，我们仍倾向于得出这样的结论：有些事件具有进入历史并在第一阶段成为"事实"的能力（我坚持认为是一种自然事件），而另一些事件则不具备这种能力，这一结论过于普遍化，而且在其普世的形式上终归是无用的。一些民族和事件在历史上缺席，在某种程度上可以说从人们可能已有所认知的世界里消失了，与那些在历史上并不存在的民族和事件相比，它们与历史实践的关联性要小得多，而这种缺席本身就是历史生产过程的组成部分。

沉默在历史中是固有的，因为任何一个事件进入历史时，都会缺失某些组成部分。有些东西总是被排除在外，而有些东西却被记录下来。任何事件都没有完美的结局，但是你可以选择定义事件的边界。因此，任何成为事实的事物都有其与生俱来的缺失，特别是针对其生产。换句话说，使任何历史记录成为可能的机制也确保了历史事实并不会平等地被创造出来。它们反映了在将事件转化为事实的第一次塑造时对历史生产资料的不同控制。[1]这种沉默表明了战略的局限性，这些战略意味着对过去进行更精确的重构，从而仅仅通过扩大经验基础就能创造出"更好"的历史。[2]可以肯定的是，不断扩大历史生产的物理边界是有用的，也是必要的。转向迄今为止被忽视的史料（如日记、图片、身体）和强调未被使用的事实（如性别、种族和阶级的事实，生命周期的事实，抵抗的事实）是开创性的进展。我的观点是，当这些战术上的收益被用来支配战略时，最坏的情况下，它们会导致新经验主义，最好的情况下，会对争夺历史权力的战场造成不必要的限制。

在史料用各样的事实充实历史景观之时，留给其他事实的空间就缩小了。即使我们想象这种景观是可以永远扩展的，但相互依存的规则还是意味着，新的事实不可能在真空中出现。它们必须根据先前创造的事实构成的领域获得生存的权利。它们可能会推翻其中一些事实，抹去或修正其他事实。问题的关键仍然是，在历史景观中，史料占据着相互竞争的位置。这些立场本身就充满了意义，因为事实不能被创造得毫无意义。即

---

[1] 否则就是在暗示"史料"可以是"事物"本身，这是无稽之谈。因为事实不是"事物"（它们不能仅基于本体论的基础被断言——如果有的话），史料总是和其他什么别的东西相关。

[2] 即使是那些几乎很难被指责为经验主义的学者，有时也会将"新"历史等同于转向根据其内容定义的新对象。参见 Jacques Le Goff and P. Nora, eds., *Faire de l'histoire*, vols. 2, 3, Paris: Gallimard, 1974。公平地讲，对于勒高夫、诺拉等人来说，大多数法国历史学家自20世纪50年代以来就已经了解到，历史主体是建构的。回想起来，那是与法国历史期刊《年鉴》有关的历史学家们的认识论课程。尽管如此，在盎格鲁-撒克逊传统中，许多人把转向新事物看作一个经验性发现，这一点仍然很能说明问题。

使作为一个理想的记录者，编年史家也必然会生产出意义，以及由此导致的沉默。

编年史家和叙述者之间的区别是众所周知的。[3] 编年史作家对他目睹的每一件事都一一描述，叙述者则描述一个实体、一个人、一件事或一个机构的生活。编年史家只靠记录来缀合分散的时间块；叙述者处理的是被描述的实体的生命周期所构成的连续性。编年史家只描述他经历的事件；叙述者可以讲述他看到的和他从别人那里听说是真实的故事。编年史家不知道故事的结局——事实上，故事本身没有意义；叙述者则知道整个故事。编年史家的讲话类似于电台播音员对体育比赛进行实况报道，叙述者在讲话时则类似于说书人。[4]

即使我们承认这一区别只是措辞的不同，在编年史中，沉默也是固有的。体育赛事解说员的描述是实况报道，但仅仅描述与比赛相关的事情。即使它主要是由连续发生的事件引导的，

---

[3] E.g., Krzysztof Pomian, L'Ordre du temps, Paris: Gallimard, 1984; David Carr, *Time, Narrative and History*, Bloomington: Indiana University Press, 1986.

[4] W. H. Dray, "Narration, Reduction and the Uses of History," in David Carr, William Dray, Theodore Geraets, *La Philosophie de l'histoire et la pratique historienne d'aujourd'hui/ Philosophy of History and Contemporary Histiography*, Ottawa: University of Ottawa Press, 1982, 203. 这种区别类似于描述和叙述之间的区别。第一，就内容而言，甚至在组织方面，我对这两种划分都不太感兴趣。一份没有要点的清单并不容易制作。然而，我承认，编年史家是证人也是演员，这种观点与另一种观点，即叙述者同样是故事的建构者，有着不可逾越的鸿沟。第二，观点上的差别使我们能够区分叙述者和作者，因为他们可能是不同的声音（Pomian, *L'Ordre du Temps*），对理想编年史家的可能性的批判，参见 Paul Roth, "Narrative Explanations: The Case of History," *History and Theory* XXVII (1988): 1–13, and pp. 51, 55 below.

它也倾向于省略掉通常被认为是边缘事件的一系列目击者、参与者和事件。提到观众也主要是在他们被视为影响球员的因素时。板凳上的球员们被排除在外。球场上的球员们也主要是在他们控球的时候被提到，或者至少是在他们试图控球的时候被提到的。沉默对于解说来说是必要的，因为如果体育比赛播音员告诉我们每时每刻发生的每一件"事情"，我们就什么也听不懂了。如果解说员的描述真的全面地涵盖了所有的事实，那将是不可理解的。此外，对重要内容的选择，即叙述和沉默的双重创造，是以广播员和观众对游戏规则的理解为前提的。简而言之，实况报道的解说在哪些要素进入其中和这些要素进入的顺序方面是有限制的。

实况报道解说的情况同样适用于公证记录、商业账户、人口普查、教区登记。熟悉种植园记录的历史学家们都很清楚，在这些描绘加勒比地区奴隶们日常生活的记录中，关于新生儿出生的记载比实际出生的少。[1] 考虑到婴儿死亡率很高，农场主或监工们往往不愿登记黑人婴儿的存在，因为黑人婴儿不太可能存活。暂时的疏忽更有意义：如果孩子活过了一定的年龄，记录就可以被纠正。

在这里，并不是技术或意识形态的盲点扭曲了编年史家的

---

1 B. W. Higman, *Slave Populations of the British Caribbean, 1807—1834*, Baltimore: The Johns Hopkins University Press, 1984.

报道。这些出生和死亡记录的缺失并不是由于疏忽造成的。它们对记录者来说也不是无关紧要的：怀孕和分娩极大地影响了可用劳动力的数量，这是奴隶制度的关键。奴隶主们甚至没有试图隐瞒这些出生情况。反倒是由于报告本身固有的各种实际原因，出生和死亡在记录中都被有意压制了。诚然，奴隶制和种族主义提供了这些沉默发生的语境，但这些沉默本身绝不是意识形态的直接产物。从报告和记录程序的逻辑方面来看，它们都有意义。总之，编年史记录者和体育赛事播音员一样被动。正如埃米尔·本维尼斯特（Emile Benveniste）提醒我们的那样，人口普查员始终是审查者，这不仅是因为这两个词（census taker 和 censor）恰好有同一个词源：数人头的普查员总是会让某些事实和声音沉默。[1] 在史料的创造中，沉默是固有的，在历史生产的最初那一刻就有了。

对历史生产的不平等控制，发生在历史生产的第二阶段，即档案和文献的制作中。当然，史料和文献可能同时出现，一些分析者将两者混为一谈。[2] 我坚持把搜集事实的时刻和创造事实的时刻区分开来，首先是为了强调，在没有参与进来的人进行任何分类工作之前，就已经存在历史权力的不平衡了。奴隶种植园的记录作为不平等附加价值的史料进入了历史，这使得

1　Emile Benveniste, *Le Vocabulaire des institutions indo-européenes*, Paris: Minuit, 1969, 143.
2　Michel de Certeau, *L'Écriture de l'histoire*, Paris: Gallimard, 1975, 20–21.

它们在被归类为档案之前就成为可能。其次，我想强调的是，在创建史料时所使用的权力，并不一定与允许创建档案的权力相同。[1]

我将档案馆视为组织事实和史料的机构，它们为历史记载的存在提供了条件。决定什么是档案的权力决定了业余或专业的历史学家与江湖骗子的区别。

档案汇编。他们的汇编工作并不局限于某种或多或少的被动的收集行为，而是一种主动的生产行为，它为历史的可理解性准备事实。档案中既有叙事的实质内容，也有叙事的形式要素。它们是在社会历史过程和关于这个过程的叙事之间进行调和的制度化场所。它们强化了对我们前文提到的阿帕杜莱所说的"可辩论性"的约束：它们传达了权威，并为可信度和相互依赖制定了各种规则；它们帮助选择那些重要的故事。

如此构想，这一范畴涵盖了存在状况和劳动组织形式各异的竞争机构。它不仅包括由国家和基金会赞助的图书馆或档案馆，还包括一些不那么引人注目的机构，这些机构还根据主题或时期将资料分类整理成可供使用的文件和有待发掘的纪念地。从这个意义上说，一位导游、一次博物馆之旅、一趟考古探险，或者苏富比拍卖行的一场拍卖，都可以像美国国会图书馆一样

---

[1] 这种差异在某种程度上重复了编年史家和叙述者之间的观点。虽然史料仍然接近历史参与者留下的痕迹，但档案已经将事实置于叙事中。

承担档案馆的角色。[1] 历史行业协会，或更准确地说，那些决定了学院派历史的规则，发挥着类似的档案馆的责任。这些规则强加的约束，掩盖了专业历史学家作为杰出艺术家或孤独工匠的浪漫形象。历史学家从来都不孤单，即便是在档案馆中最鲜为人知的角落：就算是对业余的历史学家而言，与文献的接触也就是与行业协会的接触。

简而言之，档案的制作涉及许多选择性的操作：制作人的选择，证据的选择，主题的选择，生产流程的选择。这意味着，最好的情况下是有差别的排列，最坏的情况则是排除一些制作人、证据、主题、生产流程。权力明显地同时又秘密地进入历史的生产之中。让-巴蒂斯特·桑斯·苏奇消失在历史中，不仅是因为一些叙述者可能有意识地选择不提及他，更主要的是因为大多数作者都遵循着他们那个时代公认的规则。

历史叙事中的沉默

叙述和沉默的辩证法，出现在历史生产过程的第三阶段，此时事件成为事实（可能是通过档案的处理）被检索。即使我

---

1 罗尚博文献（Rochambeau Papers）的历史本身就是一个充满沉默的档案故事。它们是佛罗里达大学从苏富比带来的，但它们是如何来到苏富比的，仍然是一个谜：没有关于出处的记录（Monti, *Rochambeau Papers*, 4）。一些海地人认为，苏富比的委托人擅自挪用文献，很可能是国际文献市场上差异化的权力带来的具体影响的一个研究案例。

们假设纯粹的历史"叙事"的例子，也就是说，在某种程度上，以类似于体育赛事解说员对一场比赛进行实况解说的方式描述一个所谓的过去，即使我们假设有一个录制机器，它不考虑故事中的利害关系，也许会忠实地记录下所有被提及和收集的内容，任何后续的叙事（或任何类似这样叙事的文献）将向我们展示检索和回忆的过程是不平等的。在历史文献中，同样被注意到的许多事件，在最普遍的意义上被认为还不需要解释，呈现出不等的检索频率，不等的（事实的）权重，其实也是不等的真实性。有些事实比其他事实更容易被回忆起来；即使在实况报道中，一些事实也比其他事实更富有实证性，从而更易于被回忆起来。

我对桑斯·苏奇故事的记叙，每一个事实都是以相对容易理解的形式存在的，因为我使用了有多个版本的史料：回忆录、出版的记录、所谓的"二手"史料，即已经被制作成历史的材料。但是它们在整个史料中出现的频率是不同的，而这些史料里的叙事是多种多样的。叙述的材料权重也是如此，也就是说，任何卷入其中的单一事实都在一系列纯粹的经验价值链之内。

从 18 世纪晚期到我们这个时代的公开记录来看，桑斯·苏奇上校并不是一个仓促起事或身处边缘的反叛团体的领导人，而是奴隶起义的早期领导人，后来，他成了卢维杜尔军队里的一位高级军官，再后来成了持不同政见者，这是一个不变的事实。[1]但这一事实直到最近才得到利用：它的检索频率很低，它的实证阐述就该文献库中已有的资料而言是有缺陷的。在文献库所有可用的事实中，"桑斯·苏奇"一词最常被间接叙述，但没有提及级别或出生地，甚至只提姓而不提名字。关于他的军队规模、他的死亡细节以及他所仅有的几个阵地，几乎没有人提及。[2]然而，勾勒出一幅桑斯·苏奇的画像的资料还是绰绰有余，即使是短小的，当然也肯定没有克里斯托夫的那么详尽。

不过，这类材料不得不以相当缓慢和有限的方式重新进入文献库——例如，作为文献目录的一部分，这些文献多少有些不起眼。[3]直到20世纪80年代，它们才凭借自身的价值在叙事中被（重新）发现而得以出现在人们的视野中。[4]因此，对许多已接触过这一文献库大部分，并且在叙事中或许有也或许没有不同利益的许多读者来说，桑斯·苏奇的政治异议，甚至是他这个人仍存在很可能会被理解为"新闻"。还有一种说法（对另一群读者来说，他们与第一群读者有重叠，人数同样多），即位于米洛特的宫殿，可能在一定程度上模仿了迄今依然保存

---

[1] E.g., Gros, *Récit historique*; de Lacroix, *Mémoires*; Beaubrun Ardouin, Études sur l'histoire d'Haïti (Port-au-Prince: François Dalencourt, 1958); Hubert Cole, *Christophe, King of Haïti* (New York: Viking, 1967); Jacques Thibau, *Le Temps de Saint-Domingue: L'esclavage et la révolution française* (Paris: J. C. Lattes, 1989).

[2] 在战争期间的某个时刻，他告诉法国人，只有驱逐克里斯托夫，他才会投降，一位法国证人将这一主张称为"借口"。de Lacroix, *Mémoires*, 220.

[3] Monti, *Rochambeau Papers*.

[4] Auguste and Auguste, *L'expédition Leclerc*.

完好的那座波茨坦宫,这听来也像"新闻"。

现在,构建这个文献库的人来自不同的时代和背景,他们试图对海地革命提供不同的解释,他们有时会对革命本身或克里斯托夫做出相反的价值判断。鉴于这些相互冲突的观点,如何解释文献库中某些沉默发生的频率更高?

让我们回到理想编年史家的实际操作上来。我们对这种做法的描述表明,实况报道式的甚至库存清单式的记录都有局限性,不仅在记录的事件上,也在记录的顺序上受限。换句话说,任何编年史都离不开最低限度的叙事结构,一种赋予它某种意义的运行模式。这种结构虽然在典型的编年史中几乎看不到,却成为叙事主体部分的基础。

历史叙事以前人的理解作为前提,而这些理解本身又以档案权力的分配为前提。就海地的历史编纂而言,就像在大多数第三世界国家一样,这些先前的理解已深刻地受到西方编年史惯例和流程的影响。首先,对海地历史编纂的写作和阅读意味着识字和正式接触西方的(主要是法国的)语言和文化,这两个先决条件已经使大多数海地人无法直接参与历史的生产。大多数海地人不识字,只会讲海地语——以法语为基础的克里奥尔语。在已经为数不多的精英中,只有少数人的母语同时是法语和海地语。最早出版的回忆录和革命历史几乎都是用法语写成的。大多数已成为主要文献的书面遗存(信件、声明)也是如此。目前，大多数关于法属圣多明各/海地的历史书籍都是用法语写成的，其中有相当关键性的一部分是在法国出版的。第一本用海地克里奥尔语写成的完整的历史书（也是第一本完整的非虚构著作）是我自己写的关于海地革命的著作，完成于1977年。[1]

其次，不管他们受过何种训练，以及在多大程度上被视为历史协会成员，海地和外国讲解员的目标是遵守历史协会的惯例。协会里的历史学家和业余爱好者之间的划分，当然是以西方主导的一种特定的实践为前提的。在海地的案例中，几乎没有人以研究历史为生。海地的历史学家包括了内科医生、律师、记者、商人、官僚、政治家、高中教师和牧师等等。历史学家的身份不是由学术性的博士学位授予的，而是由大量符合西方协会标准的出版物和积极参与主流的历史辩论共同授予的。在此之前的理解包括承认由西欧特定的历史形成的当今全球学术劳动分工。正如体育赛事解说员假定观众对运动员的了解有限（谁是谁，双方是谁），历史学家也会把他们的叙事建立在前人的基础上。叙述者对观众的认知限制了他们对档案的使用，也限制了使他们讲述的故事产生意义的语境。为了贡献新的知识，增加新的意义，叙述者必须承认并同时反驳镶嵌于先前理解中

1　Michel-Rolph Trouillot, *Ti difé boulé sou istoua Ayiti*, New York: Koleksion Lakansièl, 1977.

的权力。

这一章本身就说明了这一点。我对海地革命的叙事，既预设了某种阅读历史的方式，又预设读者对法国历史的了解超过对海地历史的了解。不管这些预设是否正确，它们都反映了历史权力不平衡这一诊断。但如果这些预设是正确的，这种叙事就必须呈现海地革命最后几年的概况。否则，对大多数读者来说，桑斯·苏奇的故事就没有意义了。我不认为有必要强调海地在加勒比地区，以及这些事件发生时，美洲黑人奴隶制度在加勒比地区已经存在了整整3个世纪。叙述这些会增加叙事的经验性，但没有它们，故事照样有意义。此外，我假定我的大多数读者都知道这些事实。尽管如此，考虑到我的许多读者的差异性，我还是做了一些补充，在文本各处插入了一些关于海地地形和历史概况的线索。我没有强调杜桑的被捕（我认为是诱捕）发生在1802年6月7日，因为确切的日期在叙事中似乎并不重要。但如果我这么做了，我就会像现在一样，使用基督纪年——西方从狄奥尼修斯·伊希格斯（Dionysius Exiguus）手中继承的一种纪年系统，而不是东方系统。在本书中，我没有使用法国共和历[1]（这个故事的大多数主要文献用共和历指示月

---

[1] 法国共和历（calendrier républicain），法兰西第一共和国时期的革命历法，也称法国大革命历法。共和历以法兰西第一共和国建立之日（1792年9月22日）为历元，将12个月依次命名为葡月、雾月、霜月、雪月、雨月、风月、芽月、花月、牧月、获月（或收月）、热月、果月。1806年元旦，拿破仑废除了共和历，恢复了格里历法，即公历。——译者注

份和年份），因为它在法国大革命之后的叙事中并不盛行，因此它失去了成为档案的权力。即使是那些在很小的时候就被迫学习它与狄奥尼修斯体系的对应关系的人（就像我在学校的时候一样），也要花一些时间来确定"十年牧月十八日"确实是1802年6月7日。简而言之，我屈从于一些规则，这些规则是从权力不均衡的历史中传承下来的，以确保我的叙事能够被理解。

因此，在很多方面，我的叙事都遵循传统路线——但只是在某种程度上，因为我对桑斯·苏奇的讨论并不传统。事实上，在此之前，对情节结构的理解和普遍经验知识的共同作用，导致了对上校生与死之事的部分沉默。球员们是根据大联盟来分配的，而海地历史的那些事件单位，则被切成了许多不容易修改的小块。因此，"战争中的战争"被归入法国军队和殖民地军队之间的战争，很少有人（如果有的话）以叙事的方式对其本身进行详细描述。从这个意义上说，它确实从来没有被看作是一个完整的序列，不是任何"事物"的实况报道。更确切地说，它构成的那些事件是作为其他叙事的边缘子部分被检索出来的，而桑斯·苏奇自己的生与死只是这些子部分的一小部分。为了揭示桑斯·苏奇上校在海地建国故事中不可忽视的作用，我选择添加一节，在革命的编年史大纲之后，将他的故事作为一个独立的部分进行叙述。这是一个基于可能的流程和对读者们知识评估的选择。这一选择承认了权力，但它也通过把"战争中的战争"作为一个历史话题而引入了一些异议。

可以肯定的是，我本可以用另一种方式强调上校的形象。但为了达到我的最终目标，即对海地革命和上校的生平提出新的意义，我不得不采取一种同时强调内容和形式的方法。我并不指望仅凭偶然就能让一些沉默转变成叙述，或者指望仅仅提及就会增加追溯意义的可能性。简而言之，对"桑斯·苏奇"的挖掘需要额外的工作，这些工作与其说是新的事实的生产，不如说是向一种新的叙事的转变。

沉默中的沉默

让沉默发声，以及历史学家随后强调迄今被忽视事件的追溯意义，不仅需要在档案发掘工作中投入额外的精力——不管是否使用原始史料——还需要对其进行解读等相关工作。之所以如此，是因为在历史生产过程的前三个步骤中累积的沉默，在追溯意义本身产生的第四个也是最后一个时刻相互纠缠并固化了。称其为"最终"时刻，并不意味着它是按照行动者们的时间顺序消失的。回溯的意义可以由行动者们自己创造，作为他们过去中的过去，或作为他们现在中的未来。亨利一世两次杀了桑斯·苏奇：第一次是在字面意义上的，就在他们最后那次会面时；第二次是象征性的，通过将他最著名的宫殿命名为

"无忧宫"(Sans Souci)。这一历史上的杀戮既为了他的利益,也为了让我们惊叹。它把桑斯·苏奇从克里斯托夫自己的过去中抹去,从他的未来,也就是历史学家的现在中抹去。这并未从克里斯托夫的记忆中抹去桑斯·苏奇,甚至也没有从史料中抹去桑斯·苏奇。历史学家埃诺克·特鲁约(Hénock Trouillot)是少数几个强调这两个名字的相似性的海地人之一,他认为克里斯托夫甚至可能想要永远记住桑斯·苏奇,因为他是自己打败过的最强大的敌人。换句话说,对桑斯·苏奇的沉默可以理解为克里斯托夫本人的塑造,克里斯托夫是战胜一切死敌和死亡本身的最终胜利者:

> 克里斯托夫在米洛特山麓建立无忧宫时,是否想要证明他的力量稳稳地扎根在这片土地上呢?或者,支配他的是一个更模糊的想法?据传说,一位占卜者预言克里斯托夫将死于一个刚果人之手。那么,尽管他很迷信,在满足了他对魔法的癖好之后,他是否相信,通过建造这座小镇,他可以挑战命运?我们不知道。[1]

这个看法并不牵强。克里斯托夫认为自己高人一等,这一

---

[1] Hénock Trouillot, *Le gouvernement du Roi Henri Christophe*, Port-au-Prince: Imprimerie Centrale, 1972, 29.

点即使在他的有生之年也是众所周知的。此外，他对变换的宗教仪式的依赖，他对控制人类和控制死亡本身的渴望，都集中体现在他生命的最后时刻。为了让日渐衰弱的身体恢复健康，他参加了各种仪式，但都以失败告终，他知道自己已经失去了个人魅力，而正是这种魅力使他的同时代人在他面前颤抖。据说，就在起义者们蜂拥而至，进攻到无忧宫门前时，瘫痪的克里斯托夫用一颗银子弹结束了自己的生命。我们不知道这颗子弹是否就是为了把他从刚果人手中解救出来。

但是我们知道沉默是有效的，桑斯·苏奇的生与死只被赋予了微不足道的追溯意义，而无论是克里斯托夫的辩护者还是他的批评者，都没有提到国王对荣耀的渴望，以及他在生前和死后实现荣耀的程度。占卜者的传说总有一天会变成现实。但特鲁约还是提到了迷信，真正的魔力仍然在于一种双重生产：对荣耀的高度强调，和同样重要的沉默的生产。克里斯托夫确实在用这种沉默蔑视未来。

为了达成此处的沉默，无论是伪造的还是真实的，擦除记忆都比遗忘更有效。[1] 法国将军庞菲勒·德·拉克鲁瓦在写回忆

---

[1] 在这个故事中，有很多显而易见的沉默，其中既有集体的沉默，也有个人的沉默。我们只能猜测他们的动机，无论是可疑的还是可信的。剑桥大学女王学院的威廉·哈维（William Harvey）曾在海地居住数月，在这段时间，他担任克里斯托夫的顾问，还为国王撰写了一部传记，这可能被认为是国王的第一部传记。他直截了当地指出：这座宫殿的命名"很可能是'顺其自然'的结果"。参见 W. W. Harvey, *Sketches of Hayti; from the Expulsion of the French to the Death of Christophe*, London: L. B. Seeley and Son, 1827, 133。哈维在王国内活动广泛，他是否听说过上校或波茨坦尚不清楚。但是他非常审慎，这种审慎已经成为外国

录的时候，没有特别的理由公开站在这两个人的哪一边。他知道他们两个人。他把事件铭刻在记忆中，从而使他自己的生命与他们两人的生命交织在一起：在不同时期的外国战争中，他们既是他的敌人，又是他的下属，他对这场战争半信半疑，最后以失败告终。他是我们所知道的唯一一个在与克里斯托夫关于桑斯·苏奇上校的谈话中，留下了记录的人。在这次谈话报告的后 60 页，德·拉克鲁瓦提到了亨利一世最喜欢的宫殿的名字，但没有评论这个名字和上校的姓名之间的联系，这证明了克里斯托夫保持沉默的有效性。[1]

事实上，德·拉克鲁瓦的沉默代表了可能超出克里斯托夫意愿的一种抹除。因为在许多非海地人的圈子里，桑斯·苏奇的消失使得米洛特无忧宫的全部意义都与波茨坦无忧宫联系在了一起。来自美国新罕布什尔州的医生乔纳森·布朗（Jonathan Brown）在克里斯托夫去世 10 年后访问了海地，他没有注意到上校和宫殿之间的联系，他写道："克里斯托夫特别乐于研究历史，他具有广博精确的知识；在所有的历史人物中，他最敬

顾问的特征，"顺其自然"在他看来可能是完美的托辞。同样，人们可以将一些海地证人（例如德·瓦斯蒂）的沉默与维护克里斯托夫良好形象的愿望联系起来。
[1] Lacroix, *Mémoires*, 227, 287. 上文提到的这次谈话发生在战争中的战争（the war within the war）的第一阶段。这次谈话已经表明，克里斯托夫希望将桑斯·苏奇看作谈话的非话语对象（non-object of discourse）。在交流过程中，德·拉克鲁瓦对克里斯托夫名声的质疑直言不讳。德·拉克鲁瓦还暗示，假如克里斯托夫像他宣称的那样德高望重、受人爱戴，他就会说服黑人背叛桑斯·苏奇。（注意诱导背叛的模式）正如这位法国将军后来报告的这次谈话内容的那样，克里斯托夫回避了指挥和声望问题。他把桑斯·苏奇称作"强盗"，转而进入对国家领导权的激烈竞争这种西方模式。

仰的就是普鲁士的腓特烈大帝，无忧宫这个名字是从波茨坦宫借来的。"[1]

布朗的这段话是最早提到这两座宫殿之间关系的书面材料之一，也是后来英文作家最有可能找到的史料。在布朗之前，文献中唯一提到波茨坦的地方，是由海地作家兼政治家赫拉德·杜梅斯勒（Hérard Dumesle）对克里斯托夫的谩骂。杜梅斯勒并没有说米洛特无忧宫是按照波茨坦无忧宫设计或命名的。相反，他强调了腓特烈大帝对正义的热爱，与克里斯托夫暴政之间的根本矛盾。[2] 在书中的其他地方，杜梅斯勒还把克里斯托夫比作尼禄和卡里古拉。他嘲笑克里斯托夫的亚马孙仪式团，在他看来，亚马孙人远没有南美洲被征服前的真正的亚马孙人优雅。简而言之，正如杜梅斯勒所说，波茨坦无忧宫和米洛特无忧宫之间的联系纯粹是修辞性的。历史是否把这种修辞变成了一种史料？赫伯特·科尔（Hubert Cole）为克里斯托夫写了一部重要的传记，详述了德国主题对当时海地建筑的影响，并声称城堡是由"德国工程师"建造的。科尔和布朗一样，也没有为他的这些观点引用各种史料。

海地历史学家维尼奥·勒孔特（Vergniaud Leconte）含蓄地

1　Jonathan Brown, *The History and Present Condition of St. Domingo*, vol. 2, Philadelphia: W. Marshall, 1837, 216.

2　Hérard Dumesle, *Voyage dans le Nord d'Hayti*, Cayes: Imprimerie du gouvernement, 1824, 225–226.

第二章 Sans Souci的三副面孔——海地革命的荣耀与沉默　　83

反驳了布朗和科尔，他认为克里斯托夫的军事工程师亨利·巴雷（Henri Barré）进行了城堡的设计，某位谢丽·沃洛普（Chéri Warloppe）参与设计和建设了无忧宫。[1] 勒孔特查阅了与克里斯托夫相关的，当时可获取的大多数论著，并声称使用了新文献以及口述史料，但除了确定了位于海地北部的沃洛普的墓地，他并没有在他的数据中引用特定的档案或史料。勒孔特没有提及任何德国的影响。参与修复宫殿的海地建筑师帕特里克·德拉图尔明确否定了海地无忧宫受德国影响这种观点，坚持认为它是从属于克里斯托夫拟建造的更大的项目———一座皇家城镇的一部分。对于德拉图尔（个人通信）来说，与外国的联系（如果有的话），就是世纪之交的法国城市规划协会。有人梦想过它与德国的联系吗？

　　克里斯托夫的王国里有德国人和其他欧洲人。一些海地人精通德语和其他欧洲语言，他们为国王提供各种服务。[2] 此外，克里斯托夫的确聘请了德国的军事工程师，来加强他王国的防御。英国驻海地领事查尔斯·麦肯齐（Charles Mackenzie）公开承认自己是间谍，他描述了其中两名德国人的情况，克里斯托夫为了防止他们泄露军事机密，将这两名德国人投入监狱。然而，在克里斯托夫死后不到十年，麦肯齐拜访并描述了"无忧

1　Vergniaud Leconte, *Henri Christophe dans l'histoire d'Haïti*, Paris: Berger-Levrault, 1931, 273.
2　Harvey, *Sketches of Hayti*.

宫",他并没有把这两座宫殿联系起来。[1]

尽管如此,考虑到我们对亨利一世的了解,以及德国军事建筑师在他的王国效力,他很可能知道波茨坦无忧宫的存在,也知道它的样子。腓特烈大帝为波茨坦无忧宫的设计做出了贡献,为之赋诗,在他的宫殿中接受他那个时代众多名流的朝贺,如约翰·塞巴斯蒂安·巴赫和伏尔泰,这也暗示了一个可能启发克里斯托夫的例子。亨利一世确实亲自监督了米洛特无忧宫的建造,并在那里养着类似于智囊团的亲信,因此,有意无意地再现了对波茨坦梦想的方方面面。所有这些都无法验证它是否与一个强大的波茨坦无忧宫有联系。对比了这两座宫殿的大量图片,包括1842年以前的无忧宫草图,我发现它们在总体布局和一些细节(教堂的圆顶,前拱廊)上都有一些模糊的相似之处。但我会立即承认,我的这些业余联想至少需要在影响力方面的怀疑。这种怀疑有多少根据?

反对米洛特无忧宫与波茨坦无忧宫有紧密关系的最有力证据,却是另一种沉默。奥地利裔德国地理学家卡尔·李特尔是一位经验丰富的旅行家,他对不同的民族和地区有着敏锐的观察能力。在克里斯托夫死后八天,他拜访了这座宫殿。李特尔爬上一座小山,画了一幅宫殿的图画。他的书中详细描述了一

---

[1] Charles Mackenzie, *Notes on Haiti, Made During a Residence in that Republic*, vol. 2, London: Henry Colburn and Richard Bentley, 1830, 209; *Notes on Haiti*, vol. 1, 169–179.

第二章 Sans Souci 的三副面孔——海地革命的荣耀与沉默

米洛特无忧宫，版画，19 世纪

座"完全按照欧洲风格建造"的建筑，并强调了一些细节特征，比如克里斯托夫的浴室和花园里的"欧洲"植物等。[1] 的确，"欧洲的"这个词在书面描述中多次出现，但没有任何迹象表示克里斯托夫的住处和腓特烈大帝的居所之间有任何可类比的相似之处。

李特尔既有即时性又有后见之明。在克里斯托夫在位期间，大多数外国居民都远离通往城堡的道路，因此也就远离了无忧宫。国王自杀几天后，一些欧洲居民蜂拥着去探索克里斯托夫

1　Ritter, *Insel Hayti*, 77, 78, 81.

这两个最著名的建筑。李特尔也加入了。于是，他和其他白人一起参观了这座宫殿，而此时在海地为数不多的白人居民中，无忧宫"引起了极大的兴趣"，"每个白人都在谈论它"。[1]

李特尔没有记录这些讨论，但人们可以推测他在写作时考虑到了这些。与此同时，由于这篇文章发表的时间要晚得多，实际上是在杜梅斯勒和麦肯齐之后，李特尔可能从前两位作者的暗示中找到了与德国的联系。然而，李特尔从未提及"德国人"或"普鲁士人"对米洛特无忧宫的影响。[2] 或者他从来没有听说过，即使是住在海地的其他德国人也没有听说过，或者他认为这在当时和后来都是无关紧要的。鉴于这种沉默，后来的作家们赋予波茨坦无忧宫如此多的追溯意义，这是多么有趣的一件事。

赫伯特·科尔是少数几个明确指出波茨坦无忧宫、米洛特无忧宫和桑斯·苏奇之间存在联系的作家之一，他将桑斯·苏奇先生称为大将。但他贬低了后两者之间的联系，使波茨坦无忧宫成为关键。科尔仅仅用了一句话，就为"Sans Souci"的三副面孔制造了一个非常传神的沉默："这里，在拉费里埃城堡的脚下，在这座叫作亨利城堡的堡垒的拱卫下，他建造了无忧宫，以表达对腓特烈大帝的钦佩，尽管事实上这也是那个被他

---

[1] Ritter, *Insel Hayti*, 76.
[2] Ritter, *Insel Hayti*, 77–82.

谋杀的、令他深感痛苦的敌人的名字。"[1]

对科尔来说，米洛特无忧宫与桑斯·苏奇这个人之间的巧合是一个被国王毫不费力就绕过的意外。上校没有什么象征意义（我知道这样说有些多余），只有事实意义。在回溯中，只有波茨坦无忧宫的存在才是重要的，尽管科尔并没有说为什么这么重要。由于如此强调了波茨坦，科尔不仅让上校沉默，他还否认克里斯托夫让桑斯·苏奇沉默的企图。因此，科尔的沉默产生了一个克里斯托夫，他是一个冷酷无情的杀人犯，一个没有品位的统治者，一个赤裸裸模仿腓特烈大帝的人，这个人消费了他的受害者，并盗用了他的战功，不是通过一种清算的老规矩，而是由于疏忽大意。[2]

这样的图景并不令人信服。1786年圣多明各北部的地图显示，主要的大普雷种植园毗邻米洛特（Millot）（原文如此）种植园。[3] 克里斯托夫把这两个地方都用作总部。考虑到宫殿的大小及其附属，皇家领地可能已经覆盖了大普雷的一部分。换句话说，克里斯托夫建造的"无忧宫"宫殿离他杀死桑斯·苏奇的地方几只有码远——如果不是很精确的话。巧合和疏忽看起来几乎不可能。更有可能的是，国王正在进行一种变革性的仪

---

[1] Cole, *Christophe*, 207.
[2] 根据记载，科尔经常与他的主题产生共鸣。我认为，这种志同道合与西方历史学家对待海地革命的一个特殊领域有关。参见第三章。
[3] René Phelipeau, *Plan de la plaine du Cap François en l'isle Saint Domingue*, hand copy, Bibliothèque Nationale, Paris, 1786.

式，以同化他的宿敌。[1]

根据达荷美人的口述历史，这个国家是在与阿波美（Abomey）统治者"达"（Da）的战争胜利后，由塔科奥杜（Tacoodonou）[2]建立的。塔科奥杜"剖开他的肚子，杀死了'达'，并用他的身体为在阿波美建造的宫殿奠基，以此纪念自己的胜利；这座宫殿被称作达荷美，来自'达'这个不幸的受害者，'荷美'是指他的肚子"。[3]桑斯·苏奇故事情节的所有要素都在那里：战争，杀戮，宫殿的建造，以及用死去的敌人的名字命名宫殿。克里斯托夫很可能知道这个故事。他称赞达荷美人是伟大的勇士。为了壮大军队，他收买或招募了4 000名黑人，据说其中许多人来自达荷美。他的皇家达荷美军团中的150人以无忧宫为基地，组成了他所珍爱的军校学员部队。[4]鉴于此，非海地历史学

---

[1] 这一解释的可能佐证是"大普雷"名称本身的短暂变化。在桑斯·苏奇去世到1827年之间的某个时间，这个种植园被重新命名为"维克托尔"（胜利，La Victoire）。麦肯齐的作品《海地笔记》第一卷以一幅种植园的图片开篇："维克托尔，原名大普雷，位于通往无忧宫的路上。"（Mackenzie, *Notes on Haiti*, vol. 1., frontispiece.）遗憾的是，我们不知道名称的更改是发生在克里斯托夫任职期间，还是发生在他去世和麦肯齐来此拜访之间的七年里。

[2] 《达荷美：从古到今》（上海人民出版社，1972年3月）一书中记载，杀死达的是达古之子阿赫。——译者注

[3] Robert Norris, *Memoirs of the Reign of Bossa Adahee, King of Dahomy*, London: Frank Cass, 1968 (1789), xiv. 关于"混血儿"历史学家和海地历史，参见 David Nicholls, *From Dessalines to Duvalier: Race, Colour and National In de pendence in Haiti*, chap. 3, London: MacMillan Caribbean, 1988. 特别是关于阿都因（Ardouin），参阅 Hénock Trouillot, *Beaubrun Ardouin, l'homme politique et l'historien*, Mexico: Instituto Panamericano de Geografía e Historia, Comision de Historia, 1950. 对阿都因更详细的了解，参阅 Drexel G. Woodson, "Tout mounn se mounn men tout mounn pa menm: Microlevel Sociocultural Aspects of Land Tenure in a Northern Haitian Locality" (Ph.D. diss., University of Chicago, 1990). 关于海地的阶级和种族，参见 Michel-Rolph Trouillot, *Haiti: State against Nation*, New York and London: Monthly Review Press, 1989.

[4] Lacroix, *Mémoires*, vol. 2, 287; Leconte, *Henri Christophe*, 282.

家对波茨坦无忧宫的强调，使上校之死丧失了所有意义，也是一种制造沉默的行为。

击败野蛮人

对海地人来说，沉默是另一回事。首先，波茨坦无忧宫对他们根本就不重要。当我提出德国宫殿对米洛特无忧宫建筑影响的问题时，我的大多数海地对话者都承认并不知晓。一些历史学家承认他们"听说过"，但从未认真对待过这种联系。从这个意义上说，海地的历史学家是在按照西方行业协会的规则行事：没有确凿的证据表明米洛特和波茨坦之间存在联系。但是对于大多数海地人（至少大多数城市居民）来说，沉默远远超出了事实的范畴。在我向有文化的海地人提起米洛特无忧宫与波茨坦无忧宫的联系时，他们并不仅仅质疑证据。更确切地说，人们的态度是，即使这一"事实"被证实，它本身也并不重要。正如上校的名字和谋杀，他们很清楚，但并不重要。

对海地的城市精英们来说，"Sans Souci"只有作为米洛特无忧宫时才有意义，而它的另外两副面孔都是鬼魂，最好搁置一旁，不去打扰。对他们来说，上校是"战争中的战争"的缩影，是一段插曲，直到最近，他们还否认其有任何追溯意义。在他们祖先战胜法国的辉煌史诗中，这种自相残杀的事件是唯一的污点，也是人类历史上唯一成功的奴隶革命历史上唯一可耻的一页。因此，可以理解的是，如果历史仅仅取决于叙述者的意愿，他们会用另外的方式来书写这一页。事实上，他们试图尽可能多地重写历史。对大多数同情争取自由的事业的作者而言，包括海地人和外国人，"战争中的战争"是不幸事件的混合体，在各群体中留下了疤痕，如黑皮肤的雅各宾派，克里奥尔奴隶和自由人一样，与许多人都发生冲突，如成群的未受过教育的"刚果人"，非洲出生的奴隶，有着奇怪姓氏的博萨尔人，就像桑斯·苏奇、马卡亚、西拉、马乌果（Mavougou）、拉摩·德·拉·兰斯（Lamour de la Rance）、小尼尔·皮埃尔（petit-Noel Prieur，或 Priere）、瓦-马尔鲁瓦（Va-Malheureux）、马卡可（Macaque）、阿拉奥（Alaou）、可可（Coco）、桑拉奥（Sanglaou）一样——奴隶的名字听起来和法国名字很不一样，比如让-雅克·德萨林、亚历山大·佩蒂翁、亨利·克里斯托夫、奥古斯汀·克莱沃（Augustin Clervaux）等。

这些刚果人中有很多是 1791 年起义的早期领导人，后来一些人已成为卢维杜尔军队中真正的军官，所有人都是自由事业的坚定捍卫者，这些都已经被忽略了。刚果内战期间在非洲积累的军事经验对奴隶革命可能是至关重要的，在海地却无足

第二章 Sans Souci的三副面孔——海地革命的荣耀与沉默

轻重。[1] 不仅仅是因为很少有海地人精通非洲历史，还因为海地历史学家们（像其他人一样）长期认为获胜的策略只能来自欧洲人或者最欧洲化的奴隶们。刚果和博萨尔人这样的词在今天的加勒比海地区带有负面含义，尽管海地建国之初的人口主体就是所谓"博萨尔人"。正如奥古斯特兄弟（Auguste brothers）最近指出的那样，没人想过，为什么"刚果"这个标签，在一个大多数人口肯定是非洲人，或者人们可能就来自刚果地区的国家中，一度被用来描述所谓的政治少数派。[2]

让-巴蒂斯塔·桑斯·苏奇是杰出的刚果人。他是最著名的非洲裔反叛者，从法国和"殖民地"高层统治者的角度来看，他是最有影响力的反叛者。他是一个幽灵，大多数海地历史学家——城市的、有文化的、说法语的——都宁愿将其搁置不谈。"黑白混血儿"历史学家博布伦·阿都因（Beaubrun Ardouin）为海地历史研究走上现代道路做出了贡献，他的数千页论著被删节、赞扬、剽窃和质疑，他以对克里斯托夫的仇恨，以及对海地独立战争中黑皮肤英雄们的严厉批评而闻名。然而，当提到桑斯·苏奇时，"混血"的阿都因站在了这位黑色克里奥尔人的一边。但是，在描述一场关于领导权的谈判时，一位"勇敢的"、"精力充沛的"、"杰出的"、"聪明的"、（突然间）"英

1　Thornton, "African Soldiers in the Haitian Revolution."
2　Auguste and Auguste, *L'Expédition Leclerc*.

俊"的克里斯托夫却用他传奇般的魅力影响了桑斯·苏奇。阿都因写道：

> 克里斯托夫挥舞着他的剑，走向桑斯·苏奇，并要求他声明是否不承认自己是将军和他的上级……
>
> 这位非洲人被一位文明人的优势和一位前指挥官降服了，非洲人问："将军，你想做什么？""你要叫我将军（克里斯托夫回答）；然后，你承认我是你的长官，因为你自己不是将军。"桑斯·苏奇不敢回答……野蛮人被击败了。[1]

阿都因迅速选择了立场，不仅因为他可能觉得自己在文化上更接近"文明人"克里斯托夫，还因为，作为一个民族主义历史学家，他需要用克里斯托夫来反对桑斯·苏奇。

海地作为第一个独立的所谓第三世界的现代国家，早早经历了后殖民国家建设的所有考验。与美国（1804年之前唯一的后殖民国家）不同的是，海地是在一种依赖型经济和人人享有自由为特征的背景下进行国家建设的。因此，虽然精英们声称要控制国家，与其他地方一样，需要部分地占有大众的文化——

1　Ardouin, *Études sur l'histoire d'Haiti*, vol. 5, 75.

历史，但他们也可能比其他地方更需要压制不同意见。无论是压制异议，还是建立国家机构，都始于卢维杜尔统治时期，在独立后的海地，卢维杜尔统治下的国家与亨利一世的王国最为相似。简而言之，无论从形象上还是字面上来说，克里斯托夫作为一个建设者以及作为一个残酷无情的领导者的威名，都是一个硬币的两面。阿都因是他那个时代的政治元老，他知道这一点。他和克里斯托夫都属于同一精英阶层，他们必须控制和规范野蛮人的抱负。[1]

阿都因还需要用克里斯托夫来对付法国人。尽管克里斯托夫身上的某些特性让阿都因厌恶，而且他发现在其他地方这些特性很难与文明和谐共处，但克里斯托夫仍是阿都因自称的往昔荣耀的一部分。克里斯托夫击败了法国，而桑斯·苏奇没有做到。克里斯托夫为纪念黑人种族建造了许多纪念碑，而非洲人桑斯·苏奇却几乎使这段史诗停滞。

对阿都因和其他许多海地人而言，桑斯·苏奇是一个不便被提起的人，因为"战争中的战争"可能会分散人们对1791—1804年间主体事件的注意力，那是一场成功的革命，是他们的祖先发起的对奴隶制和殖民主义的反抗，而且白人世界要尽力

---

[1] 关于精英在后殖民国家建设中对大众愿望的占有和控制，参见 Trouillot, *Ti dife boule*; Trouillot, *Haiti: State against Nation*。在印度和印度历史编纂学中，这些议题被作为范式研究，参见 Partha Chatterjee, The Nation and its Fragments: Colonial and Postcolonial Histories, Princeton: Princeton University Press, 1993。

去忘记它。在这里，对桑斯·苏奇的沉默和对波茨坦无忧宫的沉默汇聚在一起。它们是带着抵抗的沉默，抵抗的是西方史学界围绕法属圣多明各/海地革命而生产的更深重的沉默。在这种沉默（我们将在下章继续探究）的语境下，波茨坦仍然是一个模糊的暗示，上校的死亡只是一个事实，而米洛特摇摇欲坠的城墙，仍然是对抗遗忘的最后防线。

第三章

一段难以设想的历史——被忽视的海地革命

在我讲课时，一位年轻女士站了起来。"特鲁约先生，你让我们读那些白人学者的书，他们对奴隶制了解多少？当我们从贩奴船上跳下来的时候，他们在哪里？当我们选择死亡而不是痛苦，杀死我们自己的孩子，以免孩子们过上被踩躏的生活的时候，他们又在哪里？"

我吓了一跳，她错了。她不是只阅读白人作家的作品，她也从没有从贩奴船上跳下来过。我目瞪口呆，她很生气；但是一个人怎么能用愤怒来思考呢？我正在攻读博士学位，我的这门课仅仅是读博之路上的中途休息，一种在这个纯洁的机构里为内疚买单的方式。她上我的课则是在她去医学院、哈佛大学法学院，或一些道德上纯正无瑕的公司的路上的一次精神放松。

我把这门课命名为"美洲的黑人经历"。我应该更清楚:它只吸引了周围少数的黑人学生,加上一些勇敢的白人,他们都对我期望过高,远远超出了我的能力。他们想要一种任何叙事都无法提供的生活,即使是最好的小说也不能。他们想要的是一种只有他们能立刻创造出的生活,就在美国的此地——只是他们不知道:他们太接近正在展开的故事。然而,我已经从他们的眼睛里看出,他们中很多人就是我这门课里讲的黑奴的后代。我想让他们知道,奴隶制不仅仅发生在佐治亚州和密西西比州。我想让他们知道,与非洲的联系比他们想象的更加复杂和曲折,美国对黑人和种族主义的垄断,本身就是一个种族主义阴谋。她在去哈佛大学攻读法律的路上打破了魔咒。我是个新手,她也是,我们每个人都在与我们选择的历史做斗争,我们每个人也都在与强加于我们的遗忘做斗争。

十年后,我去了另一所机构访学,那里的主顾没那么显赫,梦想也更加朴素。另一位黑人女士,与之前那位年龄相同,但羞怯得多,再次让我惊奇。"奴隶制的事情我都听腻了,"她说,"我们能听到黑人百万富翁的故事吗?"是时代变化得太快了,还是他们对奴隶制的不同看法反映了阶级差异?

我闪回到第一个紧紧抓住那艘贩奴船的女士身上。我

第三章 一段难以设想的历史——被忽视的海地革命

更好地理解了为什么她想跳上去哈佛大学法学院、医学院或其他什么地方的旅程，哪怕一次。对于一个被囚禁的种族来说，这个种族的年轻男子寿命不够长，无法拥有过去，她是这个种族的未来守护人，她需要这种抵抗的叙事。尼采错了：这不是额外的负担，而是旅途的必需品，我凭什么说，这与一群假百万富翁、一枚圣亨利勋章和一座破旧宫殿的墙壁相比，不是更好的过去呢？

我希望我能改变时空，把两位年轻的女士放在同一个房间里。我们本来可以分享档案里还没有的故事。我们可能会读到尼托扎克·尚吉（Ntozake Shange）的寓言——一个有色人种女孩梦见杜桑·卢维杜尔和那场被世界遗忘的革命的故事。然后，我们就会回到种植园主的期刊上，回到计量经济史和相关的统计行业，而且没有人会害怕数字。严酷的事实并不比黑暗更可怕。如果你和朋友在一起，你可以不那么严肃地对待它们。只有当你独自阅读时，它们才会让人害怕。

我们都需要历史书里没有讲述过的历史，但它们不在教室里，至少不在历史教室里。它们存在于我们在家里学到的东西里，存在于诗歌和童年游戏中，存在于我们用可证实的事实合上历史课本时所呈现的历史中。否则，相比一个刚刚在圣多明各殖民地经历过被反叛奴隶们破门而入的白人种植园主,为什么一个在 20 世纪晚期最富裕的国家出生和长大的黑人女士会更害怕谈论奴隶制呢?

这是一个为仍然害怕黑暗的美国年轻黑人而写的故事。虽然他们并不孤单,但这可能会告诉他们为什么会感觉害怕。

打消一种妄想

1790 年,就在撼动了圣多明各,并引发了海地独立革命的起义开始前的几个月,法国殖民者拉·巴雷(La Barre)向他居住在大都市的妻子,再次描述了自己在这个热带地区平静的生活状态,以让她安心。他写道:"我们的黑人奴隶没有发起任何运动……他们甚至连想都没想过。他们非常安静和顺从。他们是不可能造反的。"然后又说:"我们对黑人们没有什么可害怕的;他们安静又听话。"然后又再次说:"黑人们很听话,永远都是。我们睡觉时门窗都大开着。自由对黑人来说就是一种幻想。"[1]

历史学家罗歇·多桑维尔(Roger Dorsinville)引用了这些话,他指出,几个月后,史书中记载的那些影响力巨大的黑人

---

[1] 引自 Roger Dorsinville in *Toussaint Louverture ou La vocation de la Liberté*, Paris: Julliard, 1965。

奴隶起义，证明了黑人是驯服的这一抽象说法并没有令人信服的意义。我不是太确定。当现实与根深蒂固的信念不一致时，人类倾向于强行在这些信念范围之内对现实进行解释。他们设计了一些套语来压制难以想象的事物，并将其带回公认的话语体系内。

拉·巴雷的观点绝不是独一无二的。看看这位种植园经营者，他总是用几乎类似的话向他的顾客反复保证："我平静地生活在他们中间，从来没有想过他们会造反，除非是白人自己煽动起来的。"[1] 偶尔也会有人怀疑。但种植园主们的实际预防措施旨在阻止个人行为，或者，最坏的情况下，阻止一场突如其来的骚乱。在圣多明各或其他地方，没有人制定出应对普遍起义的计划。

实际上，被奴役的非洲人和他们的后代无法想象自由，更不用说制定战略来获得和保障这种自由了，这种观点与其说是基于经验证据，不如说是基于一种本体论，一种对世界及其居民的隐性组织。尽管这一观点并非一成不变，但欧洲和美洲的白人以及许多非白人种植园主都广泛认同这一普遍性的观点。虽然它留下了变化的空间，但这些变化都没有包括奴隶种植园爆发起义的可能性，更不用说能导向一场建立独立国家的成功

1　引自 Jacques Cauna in *Au temps des isles à sucre*, Paris: Karthala, 1987, 204。

的起义。

因此，海地革命在爆发时，带着"难以设想"这个独特特征载入历史。当时，各种官方辩论和出版物，包括从1790年到1804年在法国出版的关于圣多明各的一系列小册子，揭示出大多数身处那个时代的人以自己的方式无法理解正在发生的革命。[1]他们只能用现成的范畴来阅读新闻，而这些范畴与一场奴隶革命的思想是不相容的。

革命发生时，人们讨论从圣多明各传来的新闻时的混乱语境，对法属圣多明各/海地的历史编纂产生了重要的影响。如果某些事件即使发生了也不能被接受，那么又如何在以后对其进行评价？换句话说，在这些叙事发生的世界中，那些难以设想的情节能够被历史叙事传达吗？一个人如何书写关于不可能发生的事的历史？

关键问题并不是意识形态方面的。如今，与欧洲或北美的专业人士更严格地处理证据相比，海地国内（在一些海地作家所青睐的对革命的史诗般的或直白的政治解读中），对意识形态的处理更流行。至少从20世纪40年代以来，以现代的证据标准来看，关于海地革命的国际学术研究相当可靠。这个问题

---

[1] 大多数小册子，包括这里引用的小册子，都被收录在巴黎的国家图书馆Lk12系列中。其他的由法国政府复制。(e.g., French National Assembly, *Pièces imprimées par ordre de l'Assemblée Nationale, Colonies*, Paris: Imprimerie Nationale, 1791—1792.)

是倾向于认识论方面的，从最广泛的意义上讲，也是方法论的。尽管存在证据标准，但作为关于奴隶制、种族和殖民化的持续的西方话语的一部分，对海地革命的现代历史编纂，在多大程度上打破了海地革命诞生时哲学环境铁一般的枷锁？

关于人的某种观念

大约16世纪初，西方在全球物质和象征性变革的浪潮中诞生。伊斯兰势力最终被逐出欧洲，所谓的探险之旅的兴起，商业殖民主义的第一次发展，以及绝对主义国家的成熟，为西方基督教世界的统治者和商人们征服欧洲和世界其他地区奠定了基础。这段历史的旅程是政治性的，这一点可以从现在人们熟知的名字中看出——哥伦布、麦哲伦、查理五世、哈布斯堡家族，以及决定其前进步伐的那些转折时刻——卡斯蒂利亚和阿拉贡的收复失地运动，布尔戈斯法，教皇权力从博尔吉亚家族转移到美第奇家族。

这些政治发展与新的象征性秩序的出现是同时发生的。美洲的发明〔与瓦尔德泽米勒（Waldseemuller）、韦斯普奇（Vespucci）和巴尔博亚（Balboa）一起〕，同时被发明的欧洲，地中海地区被一条假想线分割——从加的斯南部到君士坦丁堡北部，基督教的西方化，从希腊—罗马的古典时期到欧洲西方化的转变等,都是欧洲成为西方的过程的一部分。[1]我们所称的文艺复兴时期,与其说是重生,不如说是自成一体的发明,许多哲学问题被引入,政治家、神学家、艺术家和士兵都提供了具体和抽象的答案。美是什么？秩序是什么？国家是什么？但最重要的是：人是什么？

讨论最后一个问题的哲学家无法回避的是,当他们在讨论时,殖民主义也正在进行。人类（欧洲人）正在征服、杀戮、支配和奴役其他被认为同样是人类的生物,哪怕只是一些人如此认为。巴托洛梅·德·拉斯·卡萨斯（Bartolome de Las Casas）和胡安·吉内斯·德·塞普尔韦达（Juan Gines de Sepulveda）在巴利亚多利德（Valladolid）于1550—1551年关于印第安人的本质和命运的论战,只是象征和现实之间不断碰触的一个例子。[2]在那里,早期的拉斯·卡萨斯模棱两可,他既相信殖民,也相

---

[1] Michel-Rolph Trouillot, "Anthropology and the Savage Slot: The Poetics and Politics of Otherness," in *Recapturing Anthropology: Working in the Present*, ed. Richard G. Fox, Santa Fe: School of American Research Press, 1991, 17–44.

[2] 美洲新大陆被发现之后,由于许多天主教人士的人道主义呼声,西班牙王室于1550年和1551年在西班牙巴利亚多利德召开了两次大型辩论会。这两次古典式的辩论直指殖民主义理论的核心：世界上有没有劣等民族？先进民族有没有理由对落后民族开战并奴役他们？这种性质的论战在西方殖民史上是仅有的一次。辩论的一方是西班牙著名的人文主义者吉内斯·德·塞普尔韦达,他援引亚里士多德的奴隶制等级理论,提出："让这样的人服从君王和更文明的、更人道的国家的统治,这种做法从来都是正确的,从来都是符合自然法则的。如果他们反抗这种统治,就可以用武器对付他们,这样的战争根据法律规定是正义的。"另一方是巴托洛梅·德·拉斯·卡萨斯,他则激烈批评西班牙政府的行为,捍卫印第安人的权利,认为一切民族都是由神圣的人组成的,印第安人的首领是美洲天然的主人,西班牙国王只有在传播基督教、推动社会发展的意义上有权提出政治管理的问题；双方应该在自愿的前提下签署政治协议,明确规定各自的职权,然后庄重宣誓遵守协议。——译者注

信印第安人的人性，进而发现两者不可能调和。但是，尽管有拉斯·卡萨斯和其他人，文艺复兴并没有也不能解决被征服民族的本体论本质的问题。正如我们所知，拉斯·卡萨斯自己提出了一个可怜而模糊的妥协方案，他后来对此感到遗憾：赋予未开化的人（印第安人）自由，给予野蛮人（非洲人）以奴役。于是，殖民化占据了上风。

17世纪，英格兰、法国和荷兰越来越多地参与到美洲事务和奴隶贸易之中。18世纪继续沿着这条不合情理的道路发展：欧洲商人和雇佣军购买和征服的男人和女人越多，欧洲哲学家对人类的描写和探讨就越多。从西方以外的角度来看，启蒙运动在对殖民活动的哲学思考和具体关注方面都有了惊人的增长，启蒙运动的世纪也是一个混乱的世纪。即使在离散的欧洲人口中，也没有对黑人或任何非白人群体的单一观点。相反，非欧洲群体被迫进入各种哲学、意识形态和实践方案中。就我们的讨论而言，最重要的是所有这些方案都认为人是分等级的。不管这些连接的阶梯是基于本体论、伦理、政治、科学、文化，还是纯粹的实用主义的理由来排列不同种族的人类，事实是，所有方案都假设并重申，在最终意义上，有些人比其他人等级更高。

事实上，在20世纪末的西方世界，一般意义上的"人"（Man）主要是指欧洲人和男性。在这一点上，每个与此相关的人都同意。在某些个别的情况中，拥有部分欧洲女性血统的男性也可以被视为人，只是要低一等，比如法国的"citoyennes"；或者是血统模糊的白人，比如欧洲犹太人。再往下是与强大的国家结构有联系的民族：波斯人、埃及人，一些欧洲人对他们有着不同程度和方面的迷恋，因为他们在当时更"先进"，但也可能比其他西方人更邪恶。经过反思，只有对胆小的极少数人来说，人（Man）也可以是被西方化的人，即满足于被殖民的人。对他们的善意相当有限：西方化的（或者更恰当地说，"可以被西方化的"）人类，无论是非洲人还是美洲土著，都处于这种命名体系的最底层。[1]

与肤色相关的负面含义越来越多地被重新组合成"黑人"，这个标签下，这些含义最早在中世纪后期的基督教世界中传播开来。它们被中世纪地理学家和旅行者们的种种奇特描述所强化。因此，从17世纪70年代第一次出现，到标志着百科全书时代到来的通用词典里，"nègre"这个词在法语词典里和词汇表中的负面含义越来越精确。[2] 到了18世纪中期，"黑人"的含

---

[1] Michael Adas, *Machines as the Measure of Men: Science, Technology and Ideologies of Western Domination*, chap. 2, Ithaca: Cornell University Press, 1989. 1704年到1764年之间，萨玛纳扎（Psalmanazar）编造的在台湾同类相食的骗局引起了欧洲人的兴趣，正是因为它利用了这些先入之见。参见 Tzvetan Todorov, *Les Morales de l'histoire*, Paris: Bernard Grasset, 1991, 134–141。对东方钦慕和蔑视的更早的例子，参见约翰·夏尔丹（John Chardin）的《游记》（*Travels*），在这本书里，波斯人被说成是"世界上最卑鄙、最无耻的马屁精"，但是两页后，波斯人又被写成是"东方最文明的人民"（第187–189页）。John Chardin, *Travels in Persia 1673—1677*, New York: Dover, 1988; originally published in Amsterdam, 1711.

[2] *Notre Librairie* (October–December 1987) no. 90, Images du noir dans la littérature occidentale;

义几乎普遍是负面的。与此同时发生的，是非裔美洲黑人奴隶制度的扩张。

事实上，从文艺复兴时期继承下来的相当抽象的命名法，被殖民活动和哲学文献一起复制、强化和挑战。也就是说，18世纪的殖民活动，使与西方的崛起并行的本体论秩序的确定性和模糊性，处于显著的地位上。

殖民化为欧洲民族中心主义向科学种族主义转变提供了强大的推动力。18世纪早期，非裔美洲黑人奴隶制的意识形态合理化，越来越依赖于从文艺复兴继承下来的本体论秩序的明确表述。但这样做也改变了文艺复兴时期的世界观，使所谓的不平等更接近于证实这种不平等的实践。黑人低人一等，因此被奴役；黑人奴隶行为恶劣，因而低人一等。简而言之，在美洲实行的奴隶制将黑人牢牢拴在人类社会底层的地位。

黑人在西方命名体系中被绑定在底层后，反黑人的种族主义很快就成为加勒比地区种植园主意识形态的核心要素。到18世纪中期，安的列斯群岛和北美洲的为奴隶制辩护的论点在欧洲重新定位，在那里，它们融合了18世纪理性主义思想固有的种族主义倾向。法语的文献很有说服力，尽管绝不是独有的。

---

vol. 1: Du Moyen-Age à la conquête coloniale. Simone Delesalle and Lucette Valensi, "Le mot 'nègre' dans les dictionnaires français d'ancien régime: histoire et lexicographie," *Langues françaises*, no. 15.

布冯（Buffon）强烈支持单一遗传学的观点，在他看来，黑人并不是一个不同的种族。尽管如此，他们还是与众不同，注定要成为奴隶。伏尔泰虽然对此有异议，但只是部分不同意。黑人属于不同的种族，在文化上注定是奴隶。这些思想家中许多人的思想在现实世界中起到的作用往往是间接，有时甚至直接与剥削非洲奴隶劳工有联系，这可能与他们的学术观点有关。到美国革命时期，许多历史学家错误地以为，兴起于19世纪的科学种族主义已经成为大西洋两岸启蒙运动意识形态景观的一个特征。[1]

因此，启蒙运动加剧了主导着本体论话语与殖民活动冲突的根本歧义。如果哲学家们真的重新构造了一些从文艺复兴时期继承下来的问题的答案，那么"人是什么？"这一问题，则不断地对统治活动和商人的财富积累造成麻烦。抽象理论和具象现实之间的差距越来越大，或者说，人们更加难以处理两者

---

[1] Gordon Lewis, *Main Currents in Caribbean Thoughts, The Historical Evolution of Caribbean Society in its Ideological Aspects, 1492—1900*, chap. 3, Baltimore: The Johns Hopkins University Press, 1983; William B. Cohen, *The French Encounter with Africans: White Response to Blacks, 1530—1880*, Bloomington: Indiana University Press, 1980; Winthrop D. Jordan, *White over Black: American Attitudes toward the Negro, 1550—1812*, Chapel Hill: University of North Carolina Press, 1968; Serge Daget, "Le mot esclave, nègre et noir et les jugements de valeur sur la traite négrière dans la littérature abolitioniste française de 1770 à 1845," *Revue française d'histoire d'outre-mer* 60, no. 4 (1973): 511–548; Pierre Boulle, "In Defense of Slavery: Eighteenth-Century Opposition to Abolition and the Origins of Racist Ideology in France," in *History from Below: Studies in Popular Protest and Popular Ideology*, ed. Frederick Krantz, London: Basil Blackwell, 1988, 219–246. Louis Sala-Molins, *Misères des Lumières. Sous la raison, l'outrage*, Paris: Robert Laffont, 1992; Michèle Duchet, "Au temps des philosophes," *Notre Librairie* (October–December 1987) no. 90, Images du noir, 25–33.

之间的矛盾，部分原因是哲学提供了和殖民活动本身一样多的答案。在启蒙运动时代，南特的奴隶主为了更好地与哲学家们一起彰显声势，购买了贵族头衔；在那个时代，像托马斯·杰斐逊这样的自由斗士拥有奴隶，却没有被他的思想和道德矛盾所压倒。

1789年7月，就在攻占巴士底狱的几天前，圣多明各的几个种植园主在巴黎集会，也打着自由与民主的名义，请求新成立的法国国民议会接纳20名来自加勒比地区的代表。种植园主们从岛上的人口中得出了这个数字，使用的数学方法大致相当于法国国民议会中大城市代表的比例。但是他们很不情愿地把黑人奴隶和有色人种也算在了岛上的人口中，他们当然宣称这些非白人没有选举权。米拉波伯爵（Count of Mirabeau）奥诺雷·加布里埃尔·里奎蒂（Honoré Gabriel Riquetti）站了出来，谴责种植园主们扭曲数字。米拉波伯爵告诉国民议会：

> 殖民者是把他们的黑人和有色人种归为人类呢，还是把他们归为负重的牲畜呢？
>
> 如果殖民者想让黑人和有色人种也算作人，就让他们先获得选举权；人人都可以成为选民，人人都可以当选。如果没有，我们请他们注意，在按法国人口比例分配代表人数时，我们既没有考虑到我们的马的数目，也没有考虑

到我们的骡子的数目。[1]

米拉波伯爵提请法国国民议会调和《人权宣言》中明确的哲学立场及其对殖民地的政治立场。但《人权宣言》提到了"人权和公民权",正如茨维坦·托多罗夫提醒我们的那样,这个标题意味着矛盾的萌芽。[2] 在这种情况下,公民优于人——至少优于非白人。国民议会只授予加勒比的蔗糖殖民地6名代表的名额,如果只按白人数字来算,这个数字比他们应得的更多,但如果大会认可黑人和有色人种有充分的政治权利,这个数字就差了很多。在现实政治的计算中,法属圣多明各/海地的50万名奴隶和其他殖民地的几十万名奴隶,显然只值3个白人代表的席位。

国民议会回避了自己的矛盾,这与美国处理占人口五分之三的黑人奴隶的机制如出一辙,这种轻率的处理方法贯穿了启蒙运动的实践。雅克·蒂博(Jacques Thibau)怀疑同时代的人在奴隶贩子的法国和哲学家的法国之间,找到了一种二分法。"难道西方的、加勒比海上的法国,不是启蒙运动时期的法国不可分割的一部分吗?"[3] 路易斯·萨拉-莫林斯进一步建议我们

---

1 *Archives Parlementaires*, 1st ser. vol. 8, session of 3 July 1789, 186.
2 Tzvetan Todorov, *The Deflection of the Enlightenment*, Stanford: Stanford Humanities Center, 1989, 4.
3 Jacques Thibau, *Le Temps de Saint-Domingue. L'esclavage et la revolution française*, Paris: Jean-Claude Lattès, 1989, 92.

区分奴隶制和当时的种族主义的不同主张：一个人可以反对前者（基于实际的理由），但不可以反对后者（基于哲学理由）。值得注意的是，伏尔泰是种族主义者，但他经常以实际而非道德为理由反对奴隶制。大卫·休谟也是如此，不是因为他相信黑人与白人是平等的，而是因为，像亚当·斯密一样，他认为这个生意代价太大。事实上，和英国一样，在法国正式的政治舞台上，支持或反对奴隶制的争论往往是用实用主义的术语来表述的，尽管英国的废奴主义[1]及其宗教内涵具有广泛的吸引力。

然而，启蒙运动带来了观念的转变。进步的观念现在得到了证实，它表明人是可以完善的。因此，至少在理论上，亚人类是可以变得完美的。更重要的是，奴隶贸易按照自然发展的走向，随着世纪尾声的临近，奴隶制经济受到越来越多的质疑。可完善性成为现实辩论中的一个论据：西方化的他者在西方看来越来越有利可图，尤其是如果他能成为一名自由劳动者的话。1790 年的一本法国的回忆录总结了这个问题："要使黑人文明化，要使他接受原则，使他成为一个真正的人，也许不是不可

---

[1] 英国是参与奴隶贸易的主要国家之一。1783 年以前，在奴隶贸易这个问题上，英国各个阶层几乎都持支持态度。之后，基于宗教伦理的人道主义成为英国早期反对奴隶贸易的基本指导思想，并拉开了废奴运动的序幕。1787 年，伦敦废除奴隶贸易协会成立，标志废奴运动进入组织化、系统化的阶段。1807 年、1833 年，英国国会先后通过《废除奴隶贩卖法案》《废奴法案》，规定英国殖民地的奴隶制不合法。1834 年 8 月 1 日，英国的所有奴隶均得到解放。——译者注

能的，这将会比买卖黑人赚得更多。"最后，我们不应该低估一小群由哲学家和政治家组成的精英团体强烈的反殖民主义立场。[1]

在法国大都会的人们所表达的保留意见，对加勒比地区或非洲几乎没有影响。事实上，1789年至1791年，奴隶贸易还有所增加，与此同时，法国的政治家和哲学家们在人权问题上的辩论比以往任何时候都激烈。此外，很少有政治家或哲学家以同样激烈的态度抨击种族主义、殖民主义和奴隶制，哪怕一次。就像英国一样，在法国，殖民主义、支持奴隶制的言论和种族主义交织在一起，相互支持，从未完全混淆。它们的对立面也是如此。这就为多种立场提供了很大的空间。[2]

尽管有这种多样性，但人们从未质疑西方的优越性，只是对其适当使用和效果有所怀疑。哲学家、百科书派学者德尼·狄德罗扮演着贡献了反殖民主义的观点的幽灵（有些人可能会说是首要贡献者），他与雷纳主教（Abbé Raynal）共同署名的《两个印度群岛的历史》（L'Histoire des deux Indes）也许是最激进的批判启蒙运动时期法国殖民主义的著作。[3] 但是这本

---

1 Michèle Duchet, *Anthropologie et histoire au siècle des Lumières*, Paris: Maspero, 1971, 157. 重点补充。关于法国的反殖民主义，参见 Yves Benot, *La Révolution française et la fin des colonies*, Paris: La Découverte, 1987; *La Démence coloniale sous Napoléon*, Paris: La Découverte, 1992。

2 David Geggus, "Racial Equality, Slavery, and Colonial Secession during the Constituent Assembly," *American Historical Review* 94, no. 5 (December 1989): 1290–1308; Daget, "Le mot esclave"; Sala-Molins, *Misères*.

3 Raynald, Guillaume-François, *Histoire des deux Indes*, 7 vols., The Hague: Grosse, 1774. Michèle

书从来没有全面质疑殖民事业背后的本体论原则，即人性在形式上的差异，不仅仅是程度上的，也是类别上的，不仅是历史的，也是原生的。因其成于众人之手，所以这就进一步限制了这本书的反奴隶制影响。[1] 伯纳特（Bonnet）正确地指出，《两个印度群岛的历史》既尊重对高贵的野蛮人不可动摇的幻想，又尊重工业和人类活动的益处。[2]

在狄德罗和雷纳的激进主义背后，最终是一个殖民管理的计划。它确实包括废除奴隶制，但只是一个长期计划，而且是旨在更好地控制殖民地的进程的一部分。[3] 获得了人的地位，并不会带来事实上的自决。总之，他们还是认为人是分等级的，就像当时孔多塞（Condorcet）、米拉波、杰斐逊（Jefferson），一切都说过也做过的那样。

这个时代的词汇揭示了这种等级。当一个人谈到黑人和白人生下的后代时，用的是"有色人种"时，就好像"有色"和

Duchet, *Diderot et l'Histoire des deux Indes ou l'écriture fragmentaire*, Paris: Nizet, 1978; Yves Benot, *Diderot, de l'athéisme à l'anticolonialisme*, Paris: Maspero, 1970, La Révolution française.

1　Duchet, *Diderot et l'Histoire*; Michel Delon, "'L'Appel au lecteur dans l'Histoire des deux Indes," in *Lectures de Raynal. L'Histoire des deux Indes en Europe et en Amérique au XVIIIe siècle*, (eds.) Hans-Jürgen Lüsebrink and Manfred Tietz, Oxford: Voltaire Foundation, 1991, 53–66; Yves Benot, "Traces de *l'Histoire des deux Indes* chez les anti-esclavagistes sous la Révolution," in *Lectures de Raynal*, 141–154.

2　Jean-Claude Bonnet. *Diderot. Textes et débats*, Paris: Livre de Poche, 1984, 416. 关于《两个印度群岛的历史》中隐含的欧洲文明的建构，参见 Gabrijela Vidan, "Une reception fragmentée: le cas de Raynal en terres slaves du Sud," in *Lectures de Raynal*, 361–372。

3　Louis Sala-Molins, *Le Code noir ou le calvaire de Canaan*, Paris: PUF, Pratiques Théoriques, 1987, 254–261. 用贝诺的贴切的话来说，每当《历史》中提到"自治"时，它都是"致命的白种人"（Benot, "Traces de *l'Histoire*," 147）。

"人"并不必然连在一起：没有特别注明的人就是白人。一艘奴隶船的船长直言不讳地强调了白"人"和其他人之间的这种隐性对立。在巴黎支持自由有色人种的法国人创立了"黑人之友协会"（Societe des Amis des Noirs）之后，这位支持奴隶制的船长自豪地称自己为"人的朋友"。黑人的朋友并不一定是人类的朋友。[1] 从1492年到海地革命及以后的欧洲文献中，语言上的对立，"人"与"土著"（或者人与黑人）之间的对立，给关于美洲的欧洲文献注入了颜色差异。就连狄德罗和雷纳这对激进的搭档也没有逃过。在叙述早期西班牙人的探险时，他们写道："这几个'人'没有被无数的'土著'包围吗？……惊慌失措，惊恐万状，是好是坏？"[2]

我们不该因为他们使用了那个时代的语言，或者没有分享我们现在认为理所当然的意识形态观点，而谴责那些早已过世的作家。为了避免政治正确性的指责而使这一问题变得无足轻重，我要强调的是，我并不认为18世纪的男人和女人应该像我们今天的一些人一样，思考人类的基本平等问题。相反，我断定他们不可能这样做。但我也从对这一历史不可能性的理解中吸取了教训。海地革命确实挑战了启蒙运动最激进作家们的本体论和政治假设。从1791年到1804年，撼动圣多明各的事

1　Serge Daget, "Le mot esclave, nègre et noir," 519.
2　Yves Benot, *Diderot*, 316. 重点补充。

件构成了一个序列，连法国或英国的极端左派都没有一个可参考的概念框架。在西方思想的框架下，它们是"难以设想"的事实。

皮埃尔·布迪厄（Pierre Bourdieu）将难以设想定义为一个人没有足够的工具进行概念化。他写道："在一个时代的难以设想的情形中，有的人因缺少考虑和重视这类情形的道德或政治倾向而难以思考，有的人因缺少问题意识、概念、方法、技术等思考工具而无法思考。"[1] 难以设想是指，一个人在可能的选择范围内无法想象的事情，因为它违背了问题所依据的概念体系，从而扭曲了所有的答案。从这个意义上说，海地革命在当时是难以设想的：它挑战了那个无论支持者还是反对者都要依据的，用来研究美洲大陆种族、殖民主义和奴隶制的框架。

新闻前奏：范畴的失败

从 16 世纪初的第一批奴隶输入到 1791 年圣多明各北部的起义之间，大多数西方观察家用他们对待殖民化和奴隶制度总体处理方式的矛盾心理看待奴隶的抵制和反抗。一方面，他们认为抵制和反抗并不存在，因为承认它们就是承认被奴役者的

---

[1] Pierre Bourdieu, *Le Sens pratique*, Paris: Minuit, 1980, 14. 难以设想的事适用于日常生活的世界和社会科学。参见 *Le Sens pratique*, 90, 184, 224, 272。

人性。[1] 另一方面，如果发生了反抗，在种植园内部或周围会受到相当严重的处理。因此，一场声称奴隶们很满足的演讲之后，紧接着，大量法律、建议和措施，无论是合法的还是非法的，都被建立和实施起来，以遏制在理论上被否认的奴隶抵抗。

由种植园主出版并以这一群体为读者的出版物，以及种植园主的各种杂志和通信，经常混合着两种态度。尽管有些人与真实的世界很接近，种植园主和管理者不能完全否认抵抗的存在，但他们试图通过淡化所有抵抗的表现形式来提供让人放心的证据。抵抗并不是一个全球性的现象。相反，每一个明确无误的抵制案例，每一个可能的反抗案例，都被区别对待，并被排除掉了政治内容。男奴隶A逃跑了，因为他受到主人的特殊虐待。男奴隶B失踪了，因为他一直吃不饱。女奴隶X一怒之下自杀了。女奴隶Y毒死了她的女主人，因为她嫉妒。从这种文献中浮现出来的逃亡者——至今仍有它的追随者——是一种受生物性限制驱使的动物，充其量只是病态的例子。叛逆的奴隶是不适应环境的黑人、到死都在吃土的叛逆青少年、弑婴的母亲、离经叛道的人。在某种程度上，人性的罪恶是被承认的，

---

1 在那个时代的词汇中，无论英语还是法语，都没有一个术语可以解释奴隶抵抗这种做法，或者概括出一个广义的抵抗概念。我在这里使用的"抵抗"，以相当宽松的方式出现在当代文学作品中。我在其他地方谈到，有必要区分"抵抗"与"反抗"，以及辨析"抵抗"的概念。Michel-Rolph Trouillot, "In the Shadow of the West: Power, Resistance and Creolization in the Caribbean." Keynote lecture at the Congress, "Born out of Resistance," Afro-Caribische Culturen, Center for Caribbean and Latin American Studies, Risjksuniversiteit Utrecht, Netherlands, 26 March 1992.

第三章 一段难以设想的历史——被忽视的海地革命 115

但它们只被作为病理的证据予以承认。

回想起来，这样的说法对任何一个意识到人类对统治形式会做出各种反应的人来说都不是很有说服力。它充其量不过是对方法论的个体主义的拙劣讽刺。如果每一种解释都是正确的，那么所有这些解释加起来，是无法说明这类案例重复发生的原因和影响的。

事实上，此类说法也没有说服种植园主自己。但他们坚持这种说法，因为这是唯一一个允许他们不把这个问题作为一种大规模群体现象来处理的方案。大规模群体现象这种解释是不可接受的。任何统治体系中都根植着一种倾向，就是宣扬自己的常态。承认抵抗是一种大规模群体现象，就是承认系统可能出了问题。加勒比种植园主与巴西和美国的种植园主一样，有系统地拒绝意识形态上的妥协，他们为奴隶制辩护的那些论点是科学种族主义发展的核心。

然而，随着时间的推移，种植园接二连三地爆发起义，特别是在牙买加和圭亚那，殖民政府不得不通过与之谈判来巩固殖民地，这逐渐破坏了奴隶们的顺从形象和病态适应的互补论点。尽管一些观察人士很想从这些大规模的逃亡中，看到大自然对动物般的奴隶们施加力量的迹象，但大规模抵抗的可能性已经渗透到了西方的话语中。

尽管如此，这种渗透仍是不全面的。1771年，路易斯·塞巴斯蒂安·梅西埃（Louis-Sebastien Mercier）宣布一位来自新大陆的复仇者诞生，那是在一部预言小说中，一个乌托邦里。[1] 其目的是警告欧洲人，如果他们不改变自己的生活方式，他们将面临毁灭。同样，当雷纳和狄德罗这对搭档谈到一个黑皮肤的斯巴达克斯时，这并不是一个关于卢维杜尔型人物的清晰预言，尽管有些人事后会这么想。[2] 在《两个印度群岛的历史》一书中，有一段文字显示，黑皮肤的斯巴达克斯的威胁被当作一个警告。这里指的不是圣多明各，而是牙买加和圭亚那，那里"有两处已经建立的逃亡黑人殖民地……这些闪电宣告了雷声，黑人只缺少一个足够勇敢的首领，来驱使他们进行报复和屠杀。这个伟大的人，他在哪里？也许他是大自然赐予人类的荣耀，这个新的斯巴达克斯在哪里？……"[3]

在这个著名段落的这个版本中（后来的版本做了修订），最激进的立场是明确提到一个单一的人类物种。但就像拉斯·卡萨斯（Las Casas）一样，就像法国国民议会左翼议员布冯一样，从一种看似革命的哲学中得出的实际结论，也是模棱

---

[1] "大自然终于创造了这个令人惊叹的人，这个不朽的人，他必须把世界从最残暴、最持久、最具侮辱性的暴政中拯救出来。他粉碎了同胞们的镣铐。那么多受压迫的奴隶，在最可憎的奴隶制下，似乎只是等待着他的信号，以造就这样一位英雄。这位英勇的复仇者树立了一个榜样，残忍的行为迟早会受到惩罚，神将这些强大的灵魂存储起来，将这些灵魂释放到大地上，以重建被野心的不公正而破坏的平衡。"（Mercier, *L'An 2440*, xxii, in Bonnet, *Diderot*, 331.）

[2] 卢维杜尔本人是否在1791年读过雷纳的作品，并确信自己在未来的历史中所扮演的角色，这一点并未得到证实，并且离题了。

[3] In Benot, *Diderot*, 214; Duchet, *Anthropologie et histoire*, 175. Emphasis added.

两可的。在狄德罗和雷纳那里，就像在作品中其他几次出现的那样，唤起对奴隶反抗的记忆主要是一种修辞手段。至于这种叛乱发展为一种革命，并建立一个现代黑人国家，其具体的可能性仍然是难以设想的。

事实上，政治诉求——如果有的话——是模糊的。第一，狄德罗的对话者既不是被奴役的大众，也不是可能在不确定的未来崛起的斯巴达克斯。狄德罗这里的话，是已经被启蒙的西方人对其身为殖民者的同伴们的告诫。[1]

第二，也是更重要的一点，"奴隶制"在当时是一个简单的隐喻，公众都明白，因为他们知道这个词除了本身的邪恶之外，还代表着许多邪恶。用哲学家的话说，奴隶制可能是欧洲的治理规则在欧洲和其他地区的统治中所犯的任何错误。也就是说，狄德罗同样也称赞美国革命者"砸碎了锁链"，"拒绝了奴隶制"，他从不在意他们中的一些人拥有奴隶。《马赛曲》也是反对"奴隶制"的一种呐喊。[2] 从加勒比地区来的黑白混血儿奴隶主们告知法国国民议会，他们作为次等自由人的地位就相当于奴隶制。[3] 这种隐喻用法渗透到从哲学到政治经济学到马克思及之后思想家的各种新兴学科的话语中。因此，必须

---

[1] 质询是启蒙运动中最受欢迎的比喻之一，在《历史》中由于一些政治和修辞方面的原因被大量使用。Michel Delon, "L'Appel au lecteur."

[2] "试问这该死的镣铐，准备给谁戴？……给我们戴……/ 是可忍孰不可忍 / 要把人类推回奴隶时代"等。(《马赛曲》)

[3] *Archives Parlementaires*, vol. 9 (session of 22 October 1789), 476–478.

以这些修辞的陈词滥调为背景,来看待对奴隶反抗的表述。因为,如果我们今天可以将连续不断的各种"人权宣言"或美国的《权利法案》解读为自然地包括每一个人在内,我们就很难肯定,这种修正主义的解读是对 1789 年和 1791 时普遍接受的对"人"的恰当解读。[1]

第三,在这里,就像在更罕见的文本中清楚地提到起义的权利一样,奴隶或殖民地人民成功起义的可能性是在很遥远的未来,倘若这个制度保持不变,可能会发生什么仍然无法预测。[2] 当然,言下之意是,系统内部或至少从系统开始的改进,可以防止哲学家们不希望发生的大屠杀。

第四,也是最后一点,那是一个充满变化和矛盾的时代。很少有思想家在政治上秉持自己的哲学立场。在奴隶制问题上采取激进行动的人经常来自人们意想不到的角落,尤其是在英国或美国。[3] 在考察了《两个印度群岛的历史》一书中的矛盾之后,米歇尔·杜谢(Michèle Duchet)得出结论说,这本书在政治上是改革性的,在哲学上是革命性的。但是,即使是哲学上的革命也不像初看上去那么整齐划一,杜谢在其他作品中承认,

---

[1] Lucien Jaume, *Les Déclarations des droits de l'homme. Textes préfacés et annotés*, Paris: Flammarion, 1989.

[2] E.g., Diderot in Benot, *Diderot*, 187.

[3] Seymour Drescher, *Econocide, British Slavery in the Era of Abolition*, Pittsburgh: Pittsburgh University Press, 1977.

第三章 一段难以设想的历史——被忽视的海地革命

对于雷纳来说，要教化就要殖民。[1]

在哲学和政治内部，以及两者之间，甚至在激进的左派内部，都存在着大量的矛盾。支持黑白混血儿的游说团体"黑人之友协会"，其策略就清楚地体现了这一点。当然，该协会的哲学出发点是人类完全平等：它的一些创始成员参与起草了《人权宣言》。但这里又牵涉到人的等级。自称是黑人之友的这些人，开展的唯一持久的运动，是他们努力保障自由黑白混血奴隶主们的公民权利和政治权利。这种强调不仅仅是一种战术策略。国民议会左翼的许多成员远远超出了职责范围，强调并非所有黑人都值得捍卫。例如，在1791年12月11日，格雷瓜尔（Grégoire）谴责了让黑人拥有政治权利的建议，认为这样做很危险。"把政治权利给予不知道自己职责的人，也许就像把一把剑放在一个疯子的手里。"[2]

其他地方的矛盾也同样明显。孔多塞以让人想起犹太人和黑人的笔名，展示了奴隶制的种种罪恶，但随后又呼吁应该**逐步**废除奴隶制。[3] 废奴主义者狄德罗称赞保留了奴隶制的美国革

---

1 Duchet, *Anthropologie et histoire*, 177; Michèle Duchet, *Le Partage des savoirs*, Paris: La Découverte, 1985.

2 *Archives Parlementaires* 25, 740. 平心而论，格雷瓜尔不止一次被指控煽动黑人叛乱，但具体的证据却相当薄弱。参见例如，*Archives Parlementaires*, vol. 10, session of 28 November 1789, 383。同样参见 Carl Ludwig Lokke, *France and the Colonial Question: A Study of French Contemporary Opinion*, New York: Columbia University Press, 1932, 125–135; Sala-Molins, *Misères des Lumières*, passim。

3 M. Schwartz (Marie Jean-Antoine Nicolas Caritat, Marquis de Condorcet), *Réflexions sur l'esclavage des Nègres*, Neufchatel et Paris, 1781.

命。让-皮埃尔·布里索（Jean-Pierre Brissot）要求他的朋友杰斐逊加入黑人之友协会，而杰斐逊在奴隶制问题上的立场在法国没有受到质疑。[1]除了马拉和罗伯斯庇尔（罗伯斯庇尔的作用要小得多）之外，很少有法国的主要革命者承认法国白人反抗殖民主义的权利，而他们在英属北美所推崇的正是这种权利。

总之，尽管有哲学上的各种争论，尽管有废奴主义的兴起，海地革命在西方仍是难以设想的，不仅因为它挑战了奴隶制和种族主义，而且因为它挑战的方式不可想象。当起义第一次在圣多明各北部爆发时，欧洲的一些激进作家和美洲的极少数作家都以不同的保留态度——无论是在实践上还是在哲学上——承认了被奴役者的人性。但是几乎没有人从这一承认中认为有必要立即废除奴隶制。同样，一些作者也不时地提醒（最常用的是通过比喻的方式），奴隶们中间有可能爆发大规模抵抗。但几乎没有人真正承认奴隶们确实可以起义，更不用说应该起义了。[2]路易斯·萨拉-莫林斯声称奴隶制是对启蒙运动的终极考验。我们还可以更进一步说：海地革命是对法国大革命和美国革命普适性的终极考验。它们都没有通过考验。**1791年，无论是在法国、英国，还是在美国，都没有公开辩论过黑奴们是**

1　Lokke, *France and the Colonial Question*, 115.
2　事实上，我愿意承认的两个显著的例外是让-皮埃尔·马拉特（Jean-Pierre Marat）和费利西特·桑托纳克斯（Félicité Sonthonax）。

否有权实现自决，以及是否有权进行武装抵抗。

海地革命在西方是难以设想的，因此在西方并没有被公布出来，不仅如此，而且在很大程度上也没有被奴隶们自己说出来。我的意思是，在海地革命之前，甚至在爆发后，都没有相应的明确的知识话语。[1] 一个原因是，大多数奴隶是文盲，印刷的文字在奴隶殖民地并不是一种现实的宣传手段。但另一个原因是，革命的主张确实太过激进，无法在其行动之前加以阐述。只有在事实发生后，才能用胜利证明它们。从这个意义上说，即使是在圣多明各，在奴隶们中间，在他们的领袖中间，革命也的确是在想象的极限之上。

我们需要回顾，1791年至1804年在法属圣多明各/海地明确出现的政治哲学的关键原则，直到第二次世界大战后才为世界舆论所接受。当海地革命爆发时，世界上大约8亿人口中只5%的人，可以被现代标准认为是"自由的"。英国废除奴隶贸易的运动刚刚起步；奴隶制的废除甚至更晚。关于人类根本独特性的主张，关于种族类别或地理状况与国家事务在伦理上无关的主张，特别是，关于**所有**民族的自决权利的主张，在大西洋世界和其他地方都是违背共识的。只有通过实际行动，以

1　可以肯定的是，随着革命的推进，从据说在起义前的集会上发表的演讲到1805年海地宪法，一些口头和书面文本的哲学意义变得越来越明确，但这些主要是标记近期目标或近期胜利的政治文本。在博斯隆·托内雷（Boisrond Tonere）的第一部独立作品诞生之前，还没有专职知识分子从事与政治斗争相去甚远的演讲活动，例如在法国和美国的革命中，后来拉丁美洲、亚洲或非洲的反殖民斗争，或是有马克思主义血统的革命。

上各项主张才能在圣多明各显现出来。海地革命必须在发生的同时从政治和哲学的角度进行彻底反思。在长达13年的战斗中，它对未来的规划逐渐变得激进，并在随后接连不断的爆发中显露出来。在其不可预见的各阶段之间和各阶段内，话语总是落后于行动。

海地革命主要是通过其行动表现出来的，也是通过政治实践挑战西方哲学和殖民主义的。它确实产生了一些具有明确哲学意义的文本：从卢维杜尔的《图雷尔营宣言》到《海地独立法案》和1805年的宪法。但其学术和意识形态的新颖性，最明显地表现在每一个与政治交错的关键时刻，从大起义（1791年）到殖民机器的摇摇欲坠（1793年），从普遍的自由（1794年）到掌控国家机器（1797—1798年），从卢维杜尔对国家机器的驯服（1801年）到德萨林的海地独立宣言（1804年）。这些步骤中的每一步都进一步挑战了西方的本体论秩序和殖民主义的全球秩序，每一步都最终形成一个现代的"黑人国家"，直到20世纪以前，这在很大程度上仍是难以设想之事的一部分。

这也意味着海地革命者们不会被殖民地或其他地方的专业知识分子先前设定的意识形态的边界过度限制，他们可以开拓新的领域——事实上，他们已经多次这样做了。但这进一步意味着，在革命发生时，西方的哲学和政治辩论只能是被动的。它只在那种不可能变成事实之后，才处理不可能之事；即便如此，各种事实并非总能被原样接受。

处理难以设想之事：叙事的失败

当1791年8月大规模起义的消息第一次传到法国时，有关各方最普遍的反应是难以置信：这些事太不可能了，这些消息肯定是假的。只有最直言不讳的种植园主团体的代表才认真对待它们，部分原因是他们是第一批通过与英国的联系得知消息的人，另一部分原因是如果消息一旦得到证实，他们将是损失

在圣多明各的战斗

最大的一批人。其他一些人，包括当时在法国的有色人种的种植园主和法国国民议会的大多数左翼分子，他们对黑人的固有看法和大规模黑人叛乱的消息，这两者实在是无法调和。[1] 法国国民议会在 1791 年 10 月 30 日，委托让-皮埃尔·布里索——黑人之友协会的创始成员之一，同时是一位温和的反殖民主义者——举行了一场慷慨激昂的演讲，概述了这些新闻一定是假新闻的几点原因：（1）任何一个对黑人有了解的人都应该意识到，5 万名黑人这么快聚在一起并一致行动，是不可能的；（2）奴隶们不可能自己想到去造反，黑白混血儿和白人也不会疯狂到煽动他们发起全面的暴动；（3）即使奴隶们发动了如此大规模的叛乱，强大的法国军队也会击败他们。布里索继续说道：

> 那么，当面对 1 800 名习惯于无所畏惧的法国人时，5 万个装备糟糕、没有纪律、胆小如鼠的人会是什么呢？什

---

[1] 显然，许多有色人种，尤其是黑白混血种植园主，已经将白人的种族偏见内化了。此外，有些人有相当可观的理由主张维持奴隶制。欧洲的辩论，尤其是法国大革命，给他们提供了一个为自己的利益辩护和表达偏见的平台。参见 Julien Raimond, *Observations sur l'origine et les progrès du préjugé des colons blancs contre les hommes de couleur; sur les inconvéniens de le perpétuer; la nécessité de le détruire*, Paris: Belin, 1791; Michel-Rolph Trouillot, "Motion in the System: Coffee, Color and Slavery in Eighteenth-Century Saint-Domingue," *Review* 5, no. 3（费尔南·布罗代尔经济、历史体系和文明研究中心主办的期刊）: 331–388; Michel-Rolph Trouillot, "The Inconvenience of Freedom: Free People of Color and the Political Aftermath of Slavery in Dominica and Saint-Domingue/Haiti," in *The Meaning of Freedom: Economics, Politics and Culture after Slavery*, ed. F. McGlynn and S. Drescher, Pittsburgh: University of Pittsburgh Press, 1992, 147–182; Geggus, "Racial Equality," 1290–1308. 关于黑白混血儿领袖安德烈·里戈德（André Rigaud）对种族偏见的拒绝，参见 Ernst Trouillot, *Prospections d'Histoire. Choses de Saint-Domingue et d'Haïti*, Port-au-Prince: Imprimerie de l'Etat, 1961, 25–36。

么都不是！1751年，杜普雷克斯和几百名法国人可以突破本地治里的包围，打败一支装备精良的10万名印度人的军队，而德·布兰切兰德先生率领法国军队和大炮，难道会害怕一支几乎没有装备的、如此低劣的黑人部队？[1]

有了这样一位"朋友"的演讲，革命就不需要敌人了。然而，国民议会中从左翼到中右翼，多数人的意见都是如此，直到这一消息得到证实，确凿无误。但这种证实并没有改变主流观点。当详细的消息传到法国时，许多观察家不是被起义本身吓到了，而是被这些被殖民者向英国人求救的事实吓到了。[2] 来自黑人的严重的长期威胁，仍然是难以设想的。然而，慢慢地，起义的规模逐渐被完全理解。但即便如此，在法国，就像之前在圣多明各、牙买加、古巴和美国一样，种植园主、行政官员、政治家或理论家们也找到了迫使叛乱重新纳入他们世界观的解释，将各种事实推回到所谓的正确话语秩序中。由于他们认为黑人们不可能做出如此巨大的努力，这次暴动就被解释为种植园主误判的不幸后果。考虑到保皇党的影响，起义的目标绝不是革命性的变革。它没有得到大多数奴隶的支持。这是由外部

1　*Archives Parlementaires*, vol. 34 (session of 30 October 1791), 521; see also 437–438; 455–458; 470, 522–531.
2　Robin Blackburn, *The Overthrow of Colonial Slavery*, London and New York: Verso, 1988, 133.

的煽动引起的。这是那些不是奴隶的人纵容的各种阴谋的意外结果。每个团体都选择自己的头号敌人,作为奴隶起义背后最可能的同谋。到处都有可疑的或利益相关的证人说,是保皇党、英国人、黑白混血儿或共和党的阴谋论者干的。保守的殖民主义者和反奴隶制的共和党人,互相指责对方是叛乱的幕后黑手。推论是从一些著作中得出的。即使圣多明各的奴隶们知道如何阅读,这些著作也不可能送达或触动他们。在一次发人深省的演讲中,副市长布兰吉利敦促他的同事们考虑这样一种可能性,即叛乱至少在一定程度上产生自奴隶们对自由的自然渴望——这一可能性无论在当时还是后来都不为大多数人接受。布兰吉利接着提出了他认为最合乎逻辑的结论:一项改善奴隶制的法律。[1] 奴隶们对自由的自然渴望虽然正当,但不能被满足,以免

---

[1] Baillio, *L'Anti-Brissot, par un petit blanc de Saint-Domingue*, Paris: Chez Girardin, Club Littéraire et Politique, 1791; Baillio, *Un Mot de vérité sur les malheurs de Saint-Domingue*, Paris, 1791; Milscent, *Sur les troubles de Saint-Domingue*, Paris: Imp. du Patriote français, 1791; Anonymous, *Adresse au roi et pièces relatives à la députation des citoyens de Nantes, à l'occasion de la révolte des Noirs à Saint-Domingue. Arrêté de la Municipalité de Nantes*, Le Cap, n.d. (1792?); Anonymous, *Pétition des citoyens commerçants, colons, agriculteurs, manufacturiers et autres de la ville de Nantes; Lettre des commissaires de la Société d'agriculture, des arts et du commerce de la dite ville aux commissaires, de l'assemblée coloniale de la partie française de Saint-Domingue, et réponse des commissaires de Saint-Domingue*, Paris: Imp. de L. Potier de Lille, n.d.(1792?). 另见由夏尔·塔尔贝(Charles Tarbé)和加兰-库隆(Garran-Coulon)分别领导的立法委员会的报告: *Pieces imprimées par ordre de l'Assemblée Nationale. Colonies*, Paris: Imprimerie Nationale, 1792 and J. Ph. Garran, *Rapport sur les troubles de Saint-Domingue, fait au nom de la Commission des Colonies, des Comités de Salut Public, de Législation et de Marine, réunis*, Paris: Imprimerie Nationale, 1787—1789. 另有对这些辩论的进一步参考: *Archives Parlementaires*, notably vol. 35, (sessions of 1 December 1791, 3 December 1791, 9 December 1791, 10 December 1791), 475–492; 535–546; 672–675; 701–710. 布兰吉利的演讲发布于 1791 年 12 月 10 日。*Archives Parlementaires*, vol. 35, 713–716.

威胁到法国的利益。

至少有13年的时间，西方的舆论都通过圣多明各的消息来进行这种捉迷藏的游戏。每到一个关键阶段，话语都容纳了一些无可辩驳的信息，质疑了其他信息，并对这样创建的话语体系提供令人安心的解释。例如，到1792年春天，即使距离最遥远的观察者也无法再否认叛乱的规模，无法否认有数量惊人的奴隶和种植园卷入其中，造成殖民者们的巨大物质损失。但在当时，许多人，甚至是在圣多明各的人认为，这场灾难只是暂时的，一切都会恢复到正常秩序下。一位目击者评论道："如果白人和自由的黑白混血儿知道什么对他们有好处，并且紧密团结在一起，**考虑到白人一直以来对黑人的统治地位**，事情很可能会恢复正常。"[1] 目击者的评论注意到了疑点（目击者倾向于相信自己的眼睛）；但也要注意，根深蒂固的观念并没有改变。世界观战胜了事实：白人霸权是天然的，是理所当然的；任何替代方案仍然是难以设想的。然而，这段文字写于1792年12月。当时，在政治混乱和各武装派别之间的许多战斗的背后，杜桑·卢维杜尔和他最亲密的追随者正在建立一种先锋力量，这种力量足以将革命推向不可逆转的地步。事实上，6个月后，国民委员莱格尔·费利西特·桑托纳克斯（Léger Félicité

---

[1] 引自 Cauna, *Au temps des isles à sucre*, 223。重点补充。

Sonthonax）被迫宣布，所有愿意在法国共和派旗帜下战斗的奴隶们，都将获得自由。1793 年 8 月，费利西特·桑托纳克斯发布公告几周后，杜桑·卢维杜尔在图雷尔营发表了公告：所有人立即获得无条件的自由和平等。

那时，旧的阴谋论应该已经变得无关紧要了。显然，卢维杜尔一方不愿意听从殖民者、法国雅各宾派或外国势力代理人的命令。不管怎么说，圣多明各发生的一切，都是我们见过的最重要的奴隶起义，并且已经发展出了自己的动力。令人惊讶的是，阴谋论仍存活了很长时间，足以证明对一些法国人的审判是正当的，这些法国人被指控煽动或帮助了叛乱，从 1791 年的保皇派老总督布兰切兰德，到共和党的拉沃斯总督，再到雅各宾派的费利西特·桑托纳克斯。[1]

随着卢维杜尔势力的壮大，其他所有政党都在努力说服自己和其他党派相信，黑人领导下取得的成就最终会让其他人受益。不管愿意与否，新的黑人精英必须成为"主要"国际力量

---

1 Blanchelande, *Précis de Blanchelande sur son accusation*, Paris: Imprimerie de N.-H. Nyon, 1793; Anonymous, *Extrait d'une lettre sur les malheurs de SAINT-DOMINGUE en général, et pricipalement sur l'incendie de la ville du CAP FRANÇAIS*, Paris: Au jardin égalité pavilion, 1794?; Anonymous, *Conspirations, trahisons et calomnies dévoilées et dénoncées par plus de dix milles français réfugiés au Continent de l'Amérique*, Paris?: 1793; [Mme. Lavaux], *Réponse aux calomnies coloniales de Saint-Domingue. L'épouse du républicain Lavaux, gouverneur général (par intérim) des îles françaises sous le vent, à ses concitoyens*, Paris: Imp. de Pain, n.d.; J. Raimond et al., *Preuves complettes* [sic] *et matérielles du projet des colons pour mener les colonies à l'independance, tirées de leurs propres écrits*, Paris: De l'imprimerie de l'Union, n.d. (1792?).

的马前卒。否则,殖民地将分崩离析,一个合法的国际政府将收拾残局。即使在卢维杜尔和他最亲密的助手完全掌握了殖民地的军事、政治和民事机构之后,认为在黑人领导下会一片混乱的理论仍继续存在。如果一些外国政府——尤其是美国——愿意与卢维杜尔政权保持谨慎的合作,部分原因是他们"知道"一个由前奴隶们领导的独立国家是不可能存在的。杜桑本人可能也不相信独立的可能性,然而出于所有实际的目的,他把圣多明各当作独立国家来统治。

在圣多明各,在北美洲,在欧洲,舆论总是落后于各种事实。做出的预测往往毫无用处。1802年,法国发动了远征,要再次征服圣多明各,专家们很容易就相信法国会赢得战争。在英国,《科贝特氏政治纪事周报》(Cobbet Political Register)猜测杜桑甚至可能会反对抵抗,认为他可能会逃离海地这个国家。[1] 法国军队的指挥官勒克莱尔在2月初预测战争将在两周内结束。他算错了两年,加上前后有两个月的误差。然而,圣多明各的种植园主们显然与他持同样的乐观态度。勒克莱尔向海军部长报告说,法国居民已经享受到了胜利的气息。欧洲、北美洲和拉丁美洲的报纸对这些报道进行了翻译和评论:复辟近在眼前。

---

1 *Cobbet's Political Register*, vol. 1. (1802), 286.

到了1802年中期，卢维杜尔军队的溃败似乎证实了这一预言。武装起义者中一些重要的少数派（其中包括桑斯·苏奇）拒绝休战，并在1802年秋季，"战争中的战争"迫使殖民地高级将领们重返革命阵营时，全面恢复了军事行动。这件事对主流观点的改变甚小。尽管德萨林、佩蒂翁和克里斯托夫的势力结成联盟，新革命军屡获胜利，圣多明各以外的人却很少能预见到这场黑人起义的结局。直到1803年秋天，前奴隶们取得了彻底的胜利，建立了一个独立国家，这在欧洲和北美洲仍然是难以设想的。在1804年海地《独立宣言》发表之后很久，既成事实才被极不情愿地接受。

确实是极不情愿。要求国际社会承认海地独立，甚至比军事上战胜拿破仑更加困难。这需要更多的时间和资源，外交斗争持续了半个多世纪。法国对海地这个国家付出了沉重的代价，才正式承认了自己的失败。值得注意的是，美国和梵蒂冈直到19世纪下半叶才承认海地独立。

外交上的拒绝承认只是一种潜在否认的表现之一。革命的行为跟西方主流意识形态的主要原则是无法相容的。至少在20世纪前25年之前，它们一直如此。在海地独立和第一次世界大战之间，尽管奴隶制被相继废除，但在欧洲和美洲大多数人心目中，人类在各种等级上的地位几乎没有变化。事实上，还出现了更加恶劣的观点。[1] 在许多方面，19 世纪是一个从启蒙运动的某些争论中退出的世纪。科学种族主义是一种影响力日益增长但备受争议的启蒙思想，它获得了更广泛的受众，使从文艺复兴时期继承下来的本体论术语进一步合法化。对亚洲，以及特别是对非洲的瓜分，强化了殖民的实践和意识形态两个方面。因此，海地革命发生一个多世纪后，在海地以外的大多数地方，这场革命在很大程度上仍然是难以设想的历史。

擦除与庸常化：世界历史中的沉默

到目前为止，我已经充实并完善了两个要点。首先，那一连串构成海地革命的事件，在发生之前是难以设想的。其次，当它们发生时，这个链条内原本连续的事件，被许多参与者和观察者系统地重铸，以适应一个可能性的世界。也就是说，它们被套入了大多数西方观察者和读者能理解的叙事。我现在要讲的是，这场被当时的人们认为不可能发生的革命，是如何被历史学家们沉默的。令人惊讶的是，历史学家们对圣多明各事件的处理方式，与当时西方同时代人的反应非常相似。也就是说，他们围绕这些事实构建的叙事，与那些认为这样一场革命

1　Benot, *La Démence*.

不可能发生的人们的叙事，惊人地相似。

在海地以外的书面历史中，对海地革命的处理体现出两类说法，它们在形式上（修辞上）与18世纪晚期的话语完全相同。第一类说法是那些倾向于直接抹去革命事实的套语。简而言之，我称它们为擦除套语。第二类倾向于将众多单一事件中的革命性内容清除出去，这样，经各方撕咬后，整个事实变得微不足道。我称它们为庸常化套语。第一类说法是通才和普及者常用的，例如教科书作者。第二类是专家们最喜欢的比喻。第一类让人想起18世纪欧洲和北美洲对抵抗运动的沉默。第二类则让人想起那些时代的专家、圣多明各的监督者和行政官员，或者巴黎的政治人物的解释。两者都是沉默的套语。

关于美洲奴隶制和大屠杀的文献表明，全球沉默在结构上可能有相似之处，或者，至少，擦除和庸常化不是海地革命中独有的。在一般性的层面上，一些叙事通过直接擦除事实或它们的相关性来抵消所发生的事情。"它"并没有**真正**发生；它并没有那么糟糕，也没有那么重要。对大屠杀事实的正面挑战，或者对非裔美洲人奴隶制度相关性的正面挑战，就属于这种类型：德国人并没有真正建造毒气室，奴隶制也发生在非黑人的身上。在一个看似不同的层面上，其他的叙事通过关注细节来弱化恐怖，或使一种情况的独特性庸常化：每一个前往奥斯维辛的车队都可以单独解释，一些美国奴隶比英国的工人们吃得更好，一些犹太人确实幸存下来了。这两种套语的共同作用，是制造了一种强大的沉默：任何在一般性中没有被消除的东西，都会在一堆细节累积的无关性中消失。可以确定这就是海地革命的情况。[1]

西方的历史学家们对海地革命的普遍沉默，最初源于无法表达难以设想的事情，但具有讽刺意味的是，这场革命对其同时代的人以及随后的一代人的意义，则加强了这种沉默。从1791—1804年到20世纪中叶，许多欧洲人和北美洲人开始把这场革命看作是对黑人种族的试金石，当然也是对所有非洲裔美洲人能力的试金石。正如瓦斯蒂关于桑斯·苏奇的声明所清楚表明的那样，海地人也确实这么做了。[2] 克里斯托夫的那些堡垒和宫殿、前奴隶们的军事效率、黄热病对法国军队的影响，以及外部因素对革命动力的相对影响，都在这些辩论中得到高度重视。但是，如果说这场革命对海地人——尤其是那些自称继承了革命成果的新兴海地精英——具有重大意义的话，那么对大多数外国人来说，这场革命主要是一个更大问题上的幸运论据。因此，无论是辩护者还是诽谤者，是废奴主义者还是公

---

[1] 当然，从历史上看，对海地革命、奴隶制和大屠杀的否认有着截然不同的意识形态动机、社会认同和政治影响。

[2] 参见第二章。同样参见 David Nicholls, *From Dessalines to Duvalier: Race, Colour and National Independence in Haiti*, London: Macmillian Caribbean, 1988; Michel-Rolph Trouillot, *Haiti: State against Nation. The Origins and Legacy of Duvalierism.*, New York and London: Monthly Review Press, 1990。

开承认的种族主义者，是自由知识分子、经济学家还是奴隶主们，都利用圣多明各的这些事件来证明他们的观点，而不考虑海地本身的历史。海地对他们所有人都很重要，但只是作为谈论其他事情的借口。[1]

随着时间的推移，海地本身的命运强化了对海地革命的沉默。由于在 19 世纪的大部分时间里，海地一直被排斥，这个国家在经济和政治上都十分衰弱，在一定程度上也是这种排斥的结果。[2] 随着海地的衰落，革命的现实似乎越来越遥远，这种不可能发生的事情发生在一个尴尬的过去，没有人对此做出合理解释。难以设想的革命变成了一个被忽视的事件（non-event）。

最后，对海地革命的沉默也符合人们对与之相关的三个主题的轻视：种族主义、奴隶制和殖民主义。尽管这些主题对我们现在所称的西方的形成具有重要意义，尽管在 20 世纪 70 年代初美国突然对此爆发了兴趣，但这些主题从未成为西方国家史学传统的中心关注点。事实上，在西班牙、法国、英国、葡萄牙、荷兰和美国，这三个主题中的每一个都反复在不同时期经历了持续时间和强度不等的沉默。殖民主义和种族主义在世界历史上显得越不重要，海地革命也就越不重要。

---

[1] 海地革命激起了美国废奴主义者的兴趣，特别是在英国，那里有一些人呼吁支持海地革命。但是，即使是英国的废奴主义者也对海地人民及其强行获得的自由表现出很大的矛盾心理。Blackburn, *The Overthrow of Colonial Slavery*; Greggus, "Racial Equality."

[2] Trouillot, *Haiti: State against Nation*.

因此，毫不奇怪，由于西方史学在很大程度上仍然受到国家利益（甚至可说始终受民族主义利益）的指导，对法属圣多明各/海地的沉默会在其他被视为典范的历史著作中继续存在。这种沉默也在教科书和通俗著作中重现，它们是欧洲、美洲和大部分的第三世界地区受过教育的大众研究全球历史的主要资料。这些文献教导了一代代读者，告诉他们，从1776年到1843年这段时期应该被称为"革命的年代"。与此同时，这些文献却对那个时代最激进的政治革命保持沉默。

以美国为例，除了亨利·亚当斯（Henry Adams）和 W. E. B. 杜波依斯（W. E. B. Du Bois）这两个引人注目的例外，直到20世纪70年代，几乎没有大作家在其历史著作中承认海地革命的任何意义，甚至很少有教科书会提到它。当提到海地革命的时候，它们把它视为一场"暴动"，一场"叛乱"。大多数拉丁美洲教科书持续的沉默更令人感到悲哀。同样，波兰的历史学家们也很少注意到有5000名波兰人参加了圣多明各的战役。尽管英国人在加勒比地区8年的反法战争中损失了6万多人，而圣多明各战役是最令他们垂涎的一场胜利，但英国人仍然保持着沉默。海地革命只是在医学史中间接出现，似乎成了医学史的一部分。胜利者是疾病，而不是海地人。企鹅《近代历史词典》（*Dictionary of Modern History*）是一本发行量很大的袖珍百科全书，涵盖了1789年至1945年期间发生的历史事件，但它收录的词条中既没有圣多明各，也没有海地。同样，这个时代最优秀的分析家之一，历史学家艾瑞克·霍布斯鲍姆（Eric Hobsbawm），出色地写成了一本名为《革命的年代：1789—1843》(*The Age of Revolutions, 1789–1843*)的书，海地革命几乎没有在书中出现。霍布斯鲍姆和《近代历史词典》的编辑们，可能会认为自己在英国的政治谱系中的定位完全不同，这表明，历史上的沉默并不只是简单体现了相关历史学家们公开的政治立场。我们在此观察到的是最强大的档案力量，它能定义什么是和什么不是一个严肃的研究和叙述对象。[1]

当我们以法国为例时，意识形态的次要角色和历史协会决定相关性的力量变得明显起来。法国是最直接与海地革命有牵扯的西方国家。法国为保住圣多明各付出了巨大的代价。拿破仑在圣多明各失去了19名法国将军，包括他的妹夫。法国在圣多明各的伤亡人数比在滑铁卢的伤亡人数还多，英国的损失也

---

[1] 对圣多明各的波兰军团进行的罕见研究之一是扬·帕孔斯基（Jan Pachonski）和鲁埃尔·威尔逊（Reuel Wilson）的《波兰的加勒比悲剧：1802—1803年海地独立战争中的波兰军团研究》(*Poland's Caribbean Tragedy. A Study of Polish Legions in the Haitian War of In dependence, 1802–1803*) (Boulder: East European Monographs, 1986)，不幸的是存在一些错误，白璧微瑕。

霍布斯鲍姆在笔记中提到过一次海地革命，在文章中提到过两次：第一次顺便说杜桑·卢维杜尔是美洲第一位独立革命的领袖——似乎这并不重要；第二次（在括号里）指出法国大革命"激发"了殖民地起义。参见 Eric J. Hobsbawm, *The Age of Revolutions, 1789–1848*, New York: New American Library, 1962, 93, 115。如果我们承认霍布斯鲍姆是西方学术史中最"左"的一派，并且是一位意识到传统的发明和自下而上书写历史的必要性的历史学家，那么他与狄德罗-雷纳的相似之处是惊人的。

是如此。[1]虽然法国在经济上从失去圣多明各的损失中恢复过来，但它确实把它最有价值的殖民地的控制权交给了一支黑人军队，这一损失打碎了它在美洲大陆建立法兰西帝国的梦想。海地革命促成了美国购买路易斯安那。人们会期待这些没有任何争议的"事实"会引发一连串的叙述的"事实"，即使是负面的。然而，仔细阅读法国历史著作，就会发现多个层面的沉默。

沉默始于革命的法国本身，并与法国殖民主义更为普遍的沉默有关。尽管到18世纪80年代，法国在奴隶贸易中的参与程度不及英国，但奴隶制和殖民主义在18世纪下半叶对法国经济都至关重要。[2]历史学家们争论的只是法国对其加勒比奴隶殖民地的依赖程度（而不是这一事实）。所有人都一致认为，圣多明各在其革命时期是西方世界最有价值的殖民地，也是法国最重要的财产。[3]许多同时代的人都会同意这个观点。每当殖民地问题被提起时，例如在国民议会上，它几乎总是与非裔美洲人的奴隶制混在一起，而这两者都被殖民者作为对法国未来至关重要的问题提出——大多数情况下是这样，但不仅仅如此。[4]

1　Blackburn, *The Overthrow of Colonial Slavery*, 251, 263.
2　Philip D. Curtin, *The Atlantic Slave Trade: A Census*, Madison: University of Wisconsin, 1969, 210–220, 234.
3　Jean Tarrade, "Le Commerce colonial de la France à la fin de l'ancien régime: l'évolution du système de l'exclusif de 1763 à 1789," 2 vols. (Thèse pour le doctorat d'état), Paris: Université de Paris, Faculté des Lettres et des Sciences Humaines,［1969］1972. Robert Stein, *The French Sugar Business*, Baton Rouge: Lousiana State University Press, 1988.
4　支持奴隶制势力的一份通告以这样的方式进行了有力的论证："黑人之友协会希望在国民议会中讨论放弃我们的殖民地、废除奴隶贸易和黑人自由等问题。只要颁布其中一条法令，即使为修辞的夸张留下空间,这种修辞可以被运用的事实本身就能说明问题。但随后,我们发现了一个悖论。在从法国大革命爆发到海地独立的这段时间里,每当关系到法国命运的革命会议、辩论家、记者和政治家们提起种族主义、奴隶制、殖民主义,他们都明确地将这些问题视为法国面临的一些最重要的问题,而其理由是道德或经济方面的。然而,他们讨论这些问题的次数却少得惊人。考虑到殖民地在法国经济生活中的分量和所涉及的激烈言辞,公众辩论的范围很小。参与其中的人数,大多数参与者来自精英阶层的事实,以及大多数参与者专注于这些问题的时间有限,这些都不能反映殖民主义在法国客观存在中的核心地位。它们肯定既没有反映殖民者关于国家经济未来的主张,也没有反映黑人之友协会关于国家道德现状岌岌可危的主张。最近的研究,包括伊夫·贝诺特(Yves Benot)关于殖民主义和法国大革命的两部重要著作,都没有对丹尼尔·雷斯尼克(Daniel Resnick)早先的判断提出异议,即就算对法国的自由主义者来说,奴隶制也是"一种派生出的关注"。[1]

法国的商业和制造业就将不复存在。"引自 Daniel P. Resnick, "The Société des Amis des Noirs and the Abolition of Slavery," *French Historical Studies*, vol. 7 (1972), 558–569, 564。同样参见 *Archives Parlementaires*, vol. 10 (session of 26 November 1789), 263–265; vol. 35 (session of 6 December 1791), 607–608。

[1] Resnick, "The Société des Amis des Noirs," 561. 现在,关于法国革命时期奴隶制、种族和殖民主义的公开辩论的文献越来越多,其中有不少是用英文写的。参见 Robin Blackburn, "Anti-Slavery and the French Revolution," *History Today* 41 (November 1991): 19–25;

尽管如此,革命时期的法国仍然在这些问题上留下了一些记录。殖民地管理以及法国和美洲之间的私人与公共通信,也留下了书面痕迹。简而言之,史料的不可获取性只是相对的。它无法解释法国的历史编纂对殖民问题的巨大漠视,进而延伸到对海地革命的漠视。事实上,法国历史学家们对殖民问题、奴隶制、抵抗和种族主义的忽视,比革命集会更甚。大多数历史学家忽视或干脆避开了所有的记录。一些人在花时间对海地的革命者们进行了简短的、通常带有贬损意味的描写之后,才转向那些更重要的话题。

对此沉默的作家名单,包括与不同时代、历史流派和意识形态立场相关的名字,从德·斯塔尔夫人（Mme. de Staël）、阿历克西·德·托克维尔（Alexis de Tocqueville）、阿道夫·梯也尔（Adolphe Thiers）、阿尔方斯·德·拉马丁（Alphonse de Lamartine）、儒勒·米什莱、阿尔伯特·马迪厄（Albert Mathiez）和安德烈·盖林（André Guérin）,到阿尔贝·索布尔（Albert Soboul）。除了欧内斯特·拉维斯（Ernest Lavisse）,尤

Boulle, "In Defense of Slavery"; Serge Daget, "A Model of the French Abolitionist Movement," in *Anti-Slavery, Religion and Reform*, eds. Christine Bolt and Seymour Drescher, Folkstone, England: W. Dawson, and Hamden, Connecticut: Archon Books, 1980; Seymour Drescher, "Two Variants of Anti-Slavery: Religious Organization and Social Mobilization in Britain and France, 1780—1870," in *Anti-Slavery, Religion and Reform*, 43–63; Seymour Drescher, "British Way, French Way: Opinion Building and Revolution in the Second French Emancipation," *American Historical Review* 96, no. 3 (1991): 709–734; Geggus, "Racial Equality," 1290–1308; Jean Tarrade, "Les Colonies et les Principes de 1789: Les Assemblées Révolutionnaires face au problème de l'esclavage," *Revue française d'histoire d'outre-mer* 76 (1979): 9–34。

其是让·饶勒斯（Jean Jaurès）的作品中出现的一些很小的且有争议的例外，沉默仍在继续。[1]拉鲁斯（Larousse）的《世界历史上的重大事件》这一浮华的汇编，目的是复制"人类的记忆"，有人认为这是模仿时尚，它比企鹅《近代历史词典》创造了更加精致的沉默。它不仅避开了海地革命，还把很少的篇幅分配于奴隶制或殖民主义。[2]即使是在1948年法国奴隶解放一百周年的庆典上，也没有激发关于这个主题的大量文献诞生。更令人惊讶的是，无论是C. L. R. 詹姆斯（C. L. R. James）的《黑皮肤的雅各宾派》(Black Jacobins)的法文译本，还是艾梅·塞泽尔的《杜桑·卢维杜尔》(Toussaint Louverture)的出版，这两部著作都将殖民主义和海地革命视为法国大革命的一个中心问题，但都没有激起法国学术界的关注。[3]

1989年至1991年法国大革命二百周年纪念期间，公众庆祝活动和大量出版物的涌现，积极地更新了沉默。20世纪80年代，法国最著名的历史学家们指导出版了大量长达500页至1000页的关于法国革命的书籍。这些书几乎完全忽视了殖民问

---

1 越来越多的历史学家也在揭示这种沉默。Geggus, "Racial Equality," 1290–1291; Benot, *La Révolution française,* 205–216; Tarrade, "Les colonies et les principes de 1789," 9–34.
2 Jacques Marseille and Nadeije Laneyrie-Dagen (eds.), *Les Grands évènements de l'histoire du monde,* La Mémoire de l'humanité, Paris: Larousse, 1992.
3 法国历史学家不能声称自己漏掉了这两本书。塞泽尔是当时最著名的用法语写作的黑人之一。詹姆斯的作品由巴黎享有盛誉的伽利玛（Gallimard）出版社出版。Aimé Césaire, *Toussaint Louverture. La Révolution française et le problème colonial,* Paris: Présence africaine, 1962. P. I. R. [sic]James, *Les Jacobins noirs,* Paris: Gallimard, 1949.

题，也完全忽视了将这些问题强行带到法国三级会议上的殖民地革命。萨拉-莫林斯描述并谴责了在这次二百周年庆典的纪念仪式上，法国官员和公众几乎完全擦除了海地、奴役和殖民的痕迹。[1]

随着这种普遍沉默的继续，历史协会内部专业化的增加导致了第二种趋势。法属圣多明各/海地出现在各种研究兴趣的交汇处：殖民史、加勒比和美洲黑人史、奴隶制史、新世界农民史。在这些子领域中的任何一个，现在都不可能抹去革命确实发生了这一事实。确实，革命本身，甚至革命内部的一系列事实，都已成为这些子领域内严肃研究的合法话题。

值得注意的是，许多用来解释现代历史学家们积累的大量证据的修辞手法，让人回想起在革命斗争之前和期间，种植园主、政治家和行政官员们所打磨的比喻。例子有很多，这里我只列举几个。许多关于"摆脱奴隶身份"（marronage）（有些人仍然认为是"逃奴"）的分析，与种植园主们偏爱的生物生理学解释非常接近。[2] 我已经大致勾勒出这样的模式：奴隶 A 因饥饿

---

[1] 这些集体作品包括：François Furet and Mona Ouzouf, *Dictionnaire critique de la Révolution française*, Paris: Flammarion, 1988; Jean Tulard, Jean-François Fayard et Alfred Fierro, *Histoire et dictionnaire de la Révolution (1789—1799)*, Paris: Robert Laffont, 1987; Michel Vovelle, ed., *L'Etat de la France pendant la Révolution*, Paris: La Découverte, 1988. 在这样一片干旱的土地上，美国历史学家罗伯特·福斯特（Robert Forster）和不知疲倦的伊夫·贝诺特撰写的最后一部著作，其价值应归功于论述殖民问题的几页。关于庆典仪式，参见 Sala-Molins, *Les Misères des Lumières*.

[2] E.g., Yvan Debbash, "Le Marronage: Essai sur la désertion de l'esclave antillais," *L'Année sociologique* (1961): 1–112; (1962): 117–195.

而逃跑，奴隶 B 则因受到虐待……同样，阴谋论仍然为许多历史学家提供了 1791 年及以后事件的末日预言，就像当时国民议会议员的言辞一样。暴乱一定是由某些比奴隶们地位更高的人"鼓动"、"煽动"或"暗示"的，如保皇党、黑白混血儿或其他外部势力。[1]

寻找对海地革命施加影响的那些外部因素，是档案力量发挥作用的一个令人着迷的例子，不是因为这种影响是不可能的，而是因为同样的历史学家们对待显示革命的内部动力的相反证据的方式。因此，许多历史学家更倾向于接受奴隶们的想法可能是被白人或自由的混血儿们所影响，我们知道奴隶们之间只有非常有限的接触，他们不愿接受这样的观点：某些奴隶可以说服其他奴隶相信他们有权反抗。奴隶们之间延伸的通信网络的存在（我们对这一点了解得很少），并不是一个"严肃"的历史研究课题。[2]

与此类似，历史学家们在其他方面，也急于找到有"外部势力"参与 1791 年起义的证据，却忽略了明确无误的证据，

---

[1] 其中有一个例子。大卫·格古斯（David Geggus）和让·福查德（Jean Fouchard）一致认为，保皇党的阴谋可能挑起了 1791 年的叛乱。福查德在一本书中指出了这种可能性，这本书至今仍是海地历史上史诗般的纪念碑之一。格古斯进而总结道，如果保皇党的参与得到证实，"奴隶起义的自主性将被大大削弱"。罗宾·布莱克本（Robin Blackburn）注意到了两位作者之间的这种差异，他理由充分地认为格古斯的结论"很奇怪"。Blackburn, *The Overthrow of Colonial Slavery*, 210. 参见 Jean Fouchard, *The Haitian Maroons: Liberty or Death*, New York: Blyden Press, 1981; original printing, 1972。

[2] 参见 Julius S. Scott III, "The Common Wind: Currents of Afro-American Communications in the Era of the Haitian Revolution", Ph.D. diss., Duke University, 1986。

即反抗的奴隶有自己的计划。在与法国政府代表进行的最早的一次谈判中,起义奴隶们的领导人并没有要求抽象的"自由"。相反,他们最主要的要求包括每周花三天时间打理自己的园子,以及取消鞭刑。这些都不是套用到热带地区的雅各宾式的要求,也不是保皇党声称的两次克里奥尔化。这些都是奴隶的要求,带有强烈的农民色彩,可以用来形容独立的海地的特点。但是,这种内部驱动力的证据,尽管大多数历史学家都知道,却没有得到讨论,甚至没有被拒绝,也没有得到其他解释。它只是被忽略了,这种不了解产生了一种庸常化的沉默。

同样,历史学家罗伯特·斯坦(Robert Stein)也将1793年解放奴隶的大部分功劳归于桑托纳克斯。这位国民议会的代表是一位激进的雅各宾派分子,他自己就是一位革命者,事实上也许是唯一一个在这件事发生之前和在公开场合中,都以具体和同情的方式,提出加勒比的奴隶们武装起义可能性的白人。[1] 如果没有他对自由事业的宝贵贡献,我们就无法估计海地革命的可能进程。但重点不在于实际情况如何。重点是,斯坦的修辞与桑托纳克斯的判断中首次提出的修辞是一致的。这种说法暗含着一种假设,即法国与海地革命的联系是充分的和必要的。这一假设庸常化了奴隶们对自由权利和通过武力获得自由权利

---

[1] 参见 Robert Stein, *Léger Félicité Sonthonax: The Lost Sentinel of the Republic*, Rutherford: Fairleigh Dickinson, 1985; Benot, *La Révolution*。

的独立感。其他作家们倾向于谨慎地避开"革命"这个词,更多地使用诸如"叛乱分子"、"反叛者"、"暴徒"和"起义"这样的词。在这种术语上的模糊性背后,这些经验上的空白和解释上的偏好是一种挥之不去的不可能性,这种不可能性可以追溯到18世纪,即把这些前奴隶看作被描述的事件链条中的主要参与者。[1]

然而,至少从C. L. R. 詹姆斯的经典著作《黑皮肤的雅各宾派》(但请注意书名)的第一版开始,历史协会已经明确表示,从任何一种定义来说,海地革命的确是一次凭借自身力量发动的"革命",而不是巴士底日(法国国庆节)的一个附属品。但是,直到1962年詹姆斯的著作再版,以及非裔美国人的民权运动的流行,国际上才出现了一种"反话语",这种反话语以19世纪以来在海地产生的历史编纂学为基础。在20世纪80年代,这种反话语因那些研究专长既非海地也非加勒比地区的历史学家们的贡献而复兴。后来,尤金·吉诺维斯(Eugene Genovese)和(后来的)罗宾·布莱克本(Robin Blackburn),与亨利·亚当斯和W. E. B. 杜波依斯的观点一致,坚持认为海地革命在整个奴隶制体系的崩溃中扮演着核心角色。[2]然而,这

---

1 Stein, *Léger Félicité Sonthonax*; Cauna, *Au temps des isles*; David Geggus, *Slavery, War and Revolution: The British Occupation of St. Domingue, 1793—1798*, Oxford, New York: Oxford University Press, 1982. 格古斯书名中的"革命"指法国大革命。此后,他扩大了这个词的使用范围,包括海地的成就。
2 Eugene Genovese, *From Rebellion to Revolution*, New York: Vintage, 1981 (1979). Blackburn,

种反话语的影响仍然有限，特别是由于海地本国的研究者们越来越远离这些国际争论。

因此，海地革命的历史编纂现在被两种不良倾向破坏。一方面，在海地出版的大多数文学作品都对革命领袖们保持着尊敬（我得说，他们太过尊敬了），这些革命领袖带领着大批前奴隶走向自由和独立。自 19 世纪初以来，海地的精英们选择用史诗般的话语赞美**他们的**革命，以回应种族主义的诋毁。1791 年至 1804 年间的史诗，塑造了一种积极的黑人形象，在一个白人主导的世界中非常有用。但史诗在大后方的国内同样有用。这是这些精英少有的历史借口之一，是他们宣示权力的不可或缺的参考。

尽管在 20 世纪早期取得了一些成就，但这一史诗传统的经验价值，在 19 世纪的巨匠托马斯·马迪欧（Thomas Madiou）和博布伦·阿都因的轰轰烈烈的开创之后，影响力稳步下降。对档案的不平等获取——新殖民主义统治的产品和象征——以及经验的精确性在这一史诗话语中的次要作用，继续阻碍着海地研究人员。他们善于全面、公正地看待事实，但他们的这些事实很薄弱，有时甚至是错误的，尤其是在杜瓦利埃政权明确地将历史话语政治化之后。[1]

The Overthrow of Colonial Slavery.
1　Thomas Madiou, *Histoire d'Haïti*, 7 vols., Port-au-Prince: Henri Deschamps, 1987—1989 (1847—

另一方面，在海地以外生产的历史，在经验上越来越复杂和丰富。然而，它的词汇及其整个论述框架，经常令人恐惧地想起18世纪的情形。各种论文和专著都以种植园的记录为基调。对这场革命的分析可以让人想起拉·巴雷的信、法国政客们的小册子、勒克莱尔写给波拿巴的信，或者至多是布兰吉利的演讲。我很愿意承认，那些有意识的政治动机是不一样的。确实，这也是我观点的一部分。有效的沉默不需要阴谋，甚至不需要政治共识。它的种种根源是结构性的。除了一种公开的——通常是真诚的——政治慷慨之外（在美国的话语体系里，最好的描述是自由主义连续体），西方史学的各类叙事结构并没有随着文艺复兴时本体论秩序的崩塌而改变。这种权力的行使，比所谓的保守派或自由派的历史学家们的坚持，要重要得多。

解决办法可能是将两种史学传统——海地的和"外国"专家们的——结合起来，或创造一种新的视角，将各自的精华融合在一起。有迹象表明，朝这个方向发展的趋势是存在的，最近的一些作品也揭示出，在未来的某个时刻，有可能写出长期以来作为难以设想的海地革命的历史。[1]

1904); A. Beaubrun Ardouin, *Études sur l'histoire d'Haïti*, Port-au-Prince: François Dalencourt, 1958. 参见 Catts Pressoir, Ernst Trouillot, and Hénock Trouillot, *Historiographie d'Haïti*, Mexico: Instituto Panamericano de Geografía e Historia, 1953; Michel-Rolph Trouillot, *Ti difé boulé sou istoua Ayiti*, New York: Koléskion Lakansièl, 1977; Michel-Rolph Trouillot, *Haiti: State against Nation*。

[1] 参见 Carolyn Fick, *The Making of Haiti: The Saint-Domingue Revolution from Below*, Knoxville: University of Tennessee Press, 1990; Claude B. Auguste and Marcel B. Auguste, *L'Expédition*

但我所说的历史协会对《黑皮肤的雅各宾派》的认可,对法国的殖民历史的接受,以及对美国历史上的奴隶制的正视也表明,无论是通过某一本伟大的著作,还是大幅增加对奴隶反抗的研究,都不能完全揭示围绕着海地革命的沉默。因为对这场革命的沉默,与其说与海地或奴隶制有关,不如说与西方世界有关。

这里再一次强调的是历史真实性1和历史真实性2之间的相互作用,即发生的事情和据说发生的事情之间的相互作用。1791年至1804年在海地发生的事情与世界其他地方在之前和之后发生的许多事情前后矛盾。这一事实本身并不令人惊讶:历史进程总是混乱不堪,往往自相矛盾。但在海地发生的事情,也与西方人告诉自己和其他人的关于其自身的大多数事情相矛盾。西方世界沉浸在弗朗索瓦·傅勒(François Furet)所称的第二种真理幻觉之中:已发生的事情原本就注定要发生。[1] 我们中有多少人能想到,没有主导全球走势这种经历的非欧洲人,现在看来是命中注定要统治全球的?谁又能否认,海地,或者奴

Leclerc, 1801—1803, Port-au-Prince: Imprimerie Henri Deschamps, 1985。菲克(Fick)的著作仍然过于接近海地传统的史诗般的修辞。她对抵抗的处理过于意识形态化,这使她对证据的解读偏向于英雄主义。尽管如此,比起具有史诗般传统性质的最新著作,她的书为圣多明各的经验增添了更多的内容。大卫·格古斯正在进行的研究在经验上仍然无可挑剔。人们希望它继续远离平庸化的论调,并有一天能阐明它的一些隐藏的假设。奥古斯特兄弟在法国探险队的工作更接近于找到一种基调,即在意识形态上尊重材料,而不是陷入颂扬或根据证据推断。它在档案研究中有很好的基础,但它不向陈词滥调的话语让步。

1 本句出自弗朗索瓦·傅勒《思考法国大革命》(François Furet, Penser la Révolution française, Paris: Gallimard, 2013)。

隶制，或者种族主义，仅仅就是那种叙事顺序中一些分散注意力的脚注而已呢？

围绕海地革命的沉默只是一种全球统治叙事中的一个章节。它是西方历史的一部分，只要西方的历史没有以一种新的世界观被重新讲述，它就可能继续存在，即使是以弱化的形式。不幸的是，尽管我们取得了一些令人瞩目的成就，但我们距离这种对世界历史的根本改写还很遥远。[1] 下一章将从一个非常独特的角度，更直接地探讨 15 世纪末始于西班牙（或者葡萄牙？）的全球统治的叙事模式。

1　Fernand Braudel, *Civilization and Capitalism*, 3 vols., New York: Harper & Row, 1981—1992; Eric R. Wolf, *Europe and the People without History*, Berkeley: University of California Press, 1982; Marc Ferro, *Histoire des colonisations. Des conquêtes aux indépendances, XIIIe–XXe siècles*, Paris: Seuil, 1994.

第四章

祝你好运,哥伦布

我从瓦斯科·达·伽马的尸体旁边走过,在预感到台风到来之前。我当时在葡萄牙的哲罗姆派修道院,欧洲从那里开始重新定义世界。在那里,为了纪念伯利恒,里斯本成为贝伦区,以吸收西方的记忆——在西方的记忆中,基督诞生于东方。在驶向七大洋前,达·伽马跪在那里祈求最后的祝福。他被带回到这里安葬,仿佛要在这片土地上刻下未知海洋的历史。

太多的事实让这个故事难以被简化——太多的名字充斥于我的脑海中,太多的遗迹布满在一幅画面里。这座修道院是以圣杰罗姆(Saint Jerome,也称哲罗姆)的名字命名的,他的隐修会追随者们在圣多明各经营种植园。它的圣体匣是用金子做的,是达·伽马去卡利卡特的途中,向基尔瓦的穆斯林苏丹敲诈的。它的正门面对着一条以印度命名的大道。这里的一切都让人想起了欧洲隐藏的另一面：基督教世界染指了每一个大陆。这个世界在各种语言和文化的混乱中开始和结束。

贝伦区的通天塔闯入了我的记忆：哲罗姆（Jerome），杰罗尼莫（Jéronimos），希罗尼姆（Hieronymites）。[1] 这个名字不是在曾经属于墨西哥的那片土地上，在一个印第安人戈亚克拉（Goyahkla）[2] 被重新命名为杰罗尼莫（Geronimo）之后，成了美国原住民抵抗运动的象征吗？我的感觉就像亚利桑那的土地一样混乱，我一直在想，为什么那么多欧洲人否认他们创造了美国。这条路线不是直接从阿方索·德·阿尔布开克到新墨西哥州的阿尔布开克吗？达·伽马不是早在越战前五百多年就在科钦去世了吗？

在修道院外，贝伦区上方的太阳诉说着昔日未知和不确定的水域。我转身离开了哲罗姆派修道院。在巴西大道上，里斯本进一步炫耀它与海洋的长期接触。然而，过多的名字在继续否认既定的故事。这里有太多为保存历史而设置的标志，以至于无法保持官方说辞的权威性。印度的

---

1 这三个词分别指早期基督教拉丁教父圣杰罗姆（也称哲罗姆）、阿帕奇印第安人酋长戈亚克拉（被称为"圣杰罗姆"，其西班牙语发音为"杰罗尼莫"）、葡萄牙的哲罗姆派修道院。此处作者将这几个发音相近的词联系在一起，以显示欧洲与美洲之间的关系。——译者注
2 戈亚克拉，阿帕奇印第安人酋长，领导印第安人武力抵抗墨西哥人和美国人的入侵。他被墨西哥人称为"圣杰罗姆"（Jerome），西班牙语发音为"杰罗尼莫"（Geronimo）。——译者注

形象，北印度、南印度和西印度人的形象——从卡利卡特到巴西，从巴西到亚利桑那，在香料和黄金的名义下，被征服大陆的味道填满了各个纪念碑之间的空间。

在这些幽灵中行走，我品味着这幅被时间车轮碾压过的人类景观的讽刺意味。在一条叫作巴西的大街上和沿街的两边，陈列着一大堆殖民时期的行头——经过短暂的殖民时期后，这里一度是葡萄牙的大都市。在我的右边，俯瞰塔古斯河，贝伦塔让我想起了海盗，想起了欧洲必须保卫自己不受自己的海盗危害的时代。在我的左边，离塔几百码远的地方，航海纪念碑重新包装了葡萄牙的过去，宏伟地展现了冒险的天真。

这座巨大的建筑是为了纪念航海家恩里克王子，建于王子五百周年诞辰的1960年，展示了王子正率领葡萄牙人前去探索发现新世界。但是纪念碑太大了，我无法相信它的纯洁：拱形的大块雕塑诉说着征服，诉说着恩里克王子想让参观者屈服于其意志的欲望。在这里，伯利恒遇见了巴西。在这里，欧洲困惑于自己从何而来，又把世界带到了何处。在这里，尘归尘，土归土，但没有人能安息，甚至达·伽马也不行，他的遗体被葡萄牙人用同等重量的黄金买了回来。

在贝伦区仅有的几平方公里的土地上，历史的管理者们曾反复试图强加一种叙事。也许他们尝试得太多了。因为在葡萄牙,这个国家为追赶一段因怀旧而黯然失色的历史做出了巨大努力,在这种努力中,我看到了整个西方国家对一段它从未经历过的历史的怀旧之情,对一个只存在于自己脑海中的地方的持续渴望。西方是卡利卡特、巴西、科钦和基尔瓦。西方是美洲,是征服和狂喜的梦想。在贝伦区的困惑中,我几乎能听到《我的美国舅舅》中的这句台词:"美国不存在。我知道。我曾去过那儿。"

在贝伦区,欧洲的面孔看起来并不比美洲的面孔更清晰,也不比没有画像留存至今的恩里克王子的面孔更真实。这些为大发现而建造的纪念碑,则必须为王子创造一副面孔,就像欧洲必须为西方创造一副面孔一样。贝伦区一直在努力修补自己的那些沉默,但这并不仅仅反映在葡萄牙身上。更不用说整个西方——西班牙、法国、荷兰、英国、意大利和美国——以及所有那些像哥伦布一样,取代了葡萄牙,重塑了世界的后来者们。尽管我不喜欢它,尽管恩里克王子可能不同意,但它也涉及了我,涉及了所有被它们的刺耳声音所干扰的国家。哲罗姆,杰罗尼莫,希罗尼姆——还有人没被影响吗?

1549年,在哲罗姆派在海地开辟种植园后不久,方济各会开始了在日本的传教。我回到旅馆,想起了哥伦布,他也曾以为自己到了日本。我现在可以窥见自己历史的真相：西方并不存在。我知道。我曾去过那里。

1492 年 10 月 12 日

对于那些必须生活其中的人来说，历史就是一团乱麻。对于那些处于变化无常的罗马教会控制范围内的人来说，1492 年最重要的事件几乎始于 1491 年。1491 年 11 月 25 日深夜，阿布·卡西姆·穆里（Abu l-Qasim al-Muhli）签署了一系列条约，穆斯林格拉纳达王国向天主教卡斯蒂利亚王国投降，结束了几个月前局势就已经明朗的战争。权力的移交，原计划在 5 月进行，但一些穆斯林领导人决定不等待基督教徒的接管，出乎意料地离开了这座城市。格拉纳达的纳斯里德王朝（Nasrid）的统治者穆罕默德十二世巴布狄尔（Muhammad XII Boabdil）匆忙投降。因此，1492 年 1 月 2 日，卡斯蒂利亚的旗帜和基督教世界的十字架，被高举在阿尔罕布拉宫的塔顶，这几乎是偶然的，而不是像最初预期的那样在上一个秋天升起，或者像预定的那样在下一个春天升起。[1]

---

[1] Rachel Arié, *L'Espagne musulmane au temps des Nasrides (1232—1492)*, Paris: Éditions E. de Brocard, 1973; Charles Julian Bishko, "The Spanish and Portuguese Reconquest, 1095—1492," in *Studies in Medieval Spanish Frontier History*, London: Variorum Reprints, 1980; reprinted from Setton and Hazard, eds., *A History of the Crusades*, Madison: University of Wisconsin Press, (1975), 1980, 396–456.

对于行动者和目击者而言，收复失地运动的结束是一系列混乱的事件，既不是一个单独的事件，也不是一个单独的日期。战争的结束和条约的签署——都发生在基督教格里高利历法的1491年——与穆斯林领袖的出逃、基督徒旗帜的升起，或天主教君主于1492年1月6日光荣进入被征服的城市同样重要。然而，格拉纳达的受降是历史进程中最接近制造里程碑性质的事件。历史的里程碑总是建立在过去的基础上，而西方基督教世界为自己粉饰的过去，就是把不断移动的西班牙边境作为十字架最南端的壁垒。

克莱芒会议（1095年）之后，伊斯兰教三个世纪的影响和控制在某种程度上起到了一种意想不到的效果，比利牛斯山两侧的基督教武装分子，公开宣称将夺回伊比利亚半岛视为一种基督教的**圣战，经由西班牙**到达圣地，是通往圣墓教堂的一条必经之路。教皇、主教和国王曾从法国到苏格兰争取到有限的（但具有高度象征意义的）天主教徒的支持，他们参与各次战役，在其种种动机中也包括了对苦修的部分豁免。

可以肯定的是，在阿方索·恩里克从阿拉伯人手中夺回里斯本，并在12世纪早期将葡萄牙置于教会的监护之下之后很久，基督徒、穆斯林和犹太人之间的文化渗透仍然在伊比利亚半岛甚至比利牛斯山脉北部继续着。[1]但是，教皇的修辞，以及重回西哥特人控制下的伊比利亚领地内那种教会和国家权力的合并，创造了一个意识形态的空间，在那里，与日常生活混杂在一起的宗教和文化，被官方认为是不相容的。在这个空间里，所谓纯粹的、受困的基督教世界的防御，成了军事行动中占主导地位的习惯用语。[2]

宗教和军事热情在14世纪下半叶都有所下降，但直到中世纪末，宗教仍是最接近"公共舞台"的事物，宗教人物是最有能力的群众领袖。因此，当仍然交织在一起的宗教和军事热情，在伊莎贝拉执政期间再一次攀升时，战争对基督教世界的最终意义，无可争议地再次浮出水面。[3]即便如此，如果许多生活在格拉纳达沦陷时期的人都认为这是一件具有特殊意义的事情，也只有对那些一开始就注意到这类事情特殊性的人们，才会是

---

[1] 近8个世纪以来，伊斯兰教对欧洲这样或那样的支配，其影响是不可否认的。参见 S. M. Imamuddin, *Muslim Spain, 711—1492 A.D.*, Medieval Iberian Texts and Studies, Leiden: E.J. Brill, 1981; Robert I. Burns, *Muslims, Chrisitians and Jews in the Crusader Kingdom of Valencia*, Cambridge: Cambridge University Press, 1984; Allan Harris Cutler and Helen Elmquist Cutler, *The Jew as Ally of the Muslim. Medieval Roots of Anti-Semitism*, Notre Dame: University of Notre Dame Press, 1986; Claudio Sanchez-Albornoz, *L'Espagne musulmane*, trans. Claude Farragi, Paris: OPU/Publisud., 1985 (1946—1973)。此外，尽管基督教胜利者驱逐了犹太人，但投降条约保护了保护了伊斯兰文化习俗，包括宗教。参见 Arié, *L'Espagne musulmane*; Irving, "Reconquest of Granada"; Bishko, "The Spanish and Portuguese Reconquest"; Burns's book, *Muslims, Christians and Jews*, 很到位地总结了研究穆斯林—基督徒交往的不同方法。

[2] J. M. Wallace-Hadrill, *The Barbarian West, 400—1000*, Oxford and New York: Basil Blackwell, (1965) 1988; Bishko. "The Spanish and Portuguese Reconquest"; Cutler and Cutler, *The Jew as Ally of the Muslim*.

[3] Bishko, "The Spanish and Portuguese Reconquest."

一个里程碑。

相比之下，在收复格拉纳达几个月后，还有一件不起眼的事——天主教的君主们给予一位热那亚冒险家祝福，这位冒险家渴望通过向西方大海航行的捷径到达印度。[1]虽然这位热那亚人严重低估了旅途的距离，但他的错误并不重要。也许更不重要的是，在那个时间点，1492年10月12日，这位热那亚人和他的卡斯蒂利亚同们伴到达巴哈马群岛中的一个小岛，而不是印度群岛。如果只是因为大西洋彼岸只有少数人关心此事，而且他们直到1493年才知道这件事的话，在巴哈马群岛的登陆肯定不是1492年的大事。

有趣的是，随后，1492年成了哥伦布年，10月12日成了"大发现"的日子。哥伦布本人已成为典型的"西班牙人"或"意大利"的代表——在他的一生中，这是两个相当模糊的实体。与格拉纳达旷日持久地沦陷于穆斯林之手相比，与欧洲犹太人看似永无休止地被驱逐相比，或与文艺复兴初期王室权力巩固的曲折历程相比，此次登陆已成为一个明确无疑的事件，其时间要固定得多。尽管前面这些问题看起来仍然是错综复杂的过

---

[1] 伊莎贝拉女王将哥伦布召到圣达菲，这是她在围城期间在格拉纳达附近建造的城镇，是军事总部，也象征着基督徒的决心。Antonio Rumeu de Amas, *Nueva Luz sobre las Capitulaciones de Santa Fe de 1492 Concertadas entre los Reyes Católicos y Cristóbal Colón. Estudio Institutionaly Diplomático*, Madrid: Consejo Superior de Investigaciones Científicas, 1985. 这本书写道，1492年1月2日，也就是在阿尔罕布拉宫升起基督教旗帜的那一天，皇家秘书胡安·德·科伦巴（Juan de Colomba）和哥伦布的赞助人胡安·佩雷斯神父（Fr. Juan Pérez）开始了严肃的协商。最终授权于1492年4月制定。

程——因此是学术专家们青睐的领域，他们把这些问题分解成无穷无尽的博士论文选题的列表——但"大发现"已经失去了其过程的特征。它已经变成了一个单一的、简单的时刻。

这一历史时刻的创造促成了历史的叙事化，使发生的事变成据说已经发生的事。第一，年表取代了过程。所有的事件都被放置在一条通往登陆的直线上。哥伦布在葡萄牙度过的那些岁月，他从葡萄牙和北非的水手那里积累的知识，他试图向各国君主兜售他的计划而付出的努力，都被纳入"大发现"的"前身"。[1] 其他的事件，如平松兄弟们（Pinzon brothers）的参与，都被包含在"准备工作"之内，尽管行动者们也经历了这段时间，他们的这种参与在登陆之前、之中和之后一直持续。第二，当交织在一起的过程逐渐退化为线性连续体时，语境也逐渐消失。例如，欧洲的形成，专制国家的崛起，收复失地运动，以及基督教的不妥协，延续了几个世纪，与美洲的发明并行。这些旧世界的转变并非没有结果。最值得注意的是，他们在卡斯蒂利亚和其他地方制造了一些被丢弃的东西。事实上，第一批到达新大陆的欧洲人绝大多数是欧洲的弃儿，他们家境

---

[1] 传记作家一致认为，哥伦布在葡萄牙度过的十年是他一生的成长时期。不幸的是，关于这一时期的资料很少。参见 Samuel Eliot Morison, *Christopher Columbus, Mariner*, New York: New American Library, 1983, 12–16; Gianni Granzotto, *Christopher Columbus*, Garden City: Doubleday, 1985, 34–47; William D. Phillips, Jr., and Carla Rahn Phillips, *The Worlds of Christopher Columbus*, Cambridge: Cambridge University Press, 1992, 94–97。

贫寒，在孤注一掷的冒险中没有什么可失去的。[1]但在"大发现"的叙事中，欧洲成了一个中性而没有时间性的、可以起作用的要素，它可以反过来充当"准备阶段"的舞台、"航行"的背景，在一部崇高的史诗中扮演配角。

由此，一个时刻的孤立，创造了一个历史"事实"：在1492年的这一天，克里斯托弗·哥伦布发现了巴哈马群岛。作为一个固定的事件，没有语境，只被一个固定的日期标识出来，这段历史在学术协会之外变得更容易管理。它不可避免地重视一个情节：人们可以等待它的千禧年并准备纪念它。它容纳了旅行社、航空公司、政客、媒体或以预先包装好的形式出售它的国家，公众们已经开始期待历史以供人们消费的形式呈现在眼前。它是权力的产物，但其标签已被抹去了权力的痕迹。

对"事实"的命名，本身就是一种伪装成无辜的权力叙事。有人愿意庆祝"卡斯蒂利亚人入侵巴哈马群岛"吗？然而，这种说法更接近于1492年10月12日发生的事情，而不是"美洲的发现"。因此，为事实命名已经给读者带来了一种解读，许多历史争议归结为谁有权命名什么。将欧洲人对有人居住的土地的初次入侵称为"发现"，是"欧洲中心论"的力量的一种尝试，这种力量已经构成了对上述事件未来叙事的框架。与

---

[1] Thomas Gomez, *L'Invention de l'Amerique. Rêve et réalités de la conquête*, Paris: Abier, 1993, 188–200.

西方的接触被视为不同文化历史真实性的基础。[1] 一旦被欧洲人发现，他者就最终进入了人类世界。

在 20 世纪 90 年代，世界各地相当多的观察家、历史学家和活动人士谴责了这个术语在哥伦布登陆巴哈马群岛五百周年庆典中所暗含的傲慢。一些人谈到了哥伦布的大屠杀。有些人提议用"征服"而不是发现；另一些人则更喜欢用"遇见"，它突然变得非常流行——如果需要的话，这再一次证明了自由主义话语在前提和实践之间的妥协能力。[2]"遇见"一词，使恐惧变甜蜜，磨平了争议双方的棱角。似乎每个人都能从中获益。

但并不是每个人都被说服了。葡萄牙历史学家、前教育部长维托里诺·马加海斯·戈迪尼奥（Vitorino Magalhaes Godinho）重申，"发现"是形容 15 世纪和 16 世纪欧洲冒险的一个恰当的术语，他将之比作赫歇尔发现天王星和塞迪悦发现微生物。[3] 当然，问题是天王星并不知道自己在赫歇尔之前就存在，而塞迪悦也没有带着利剑和枪炮去追杀微生物们。[4]

1　Roy Preiswerk and Dominique Perrot, *Ethnocentrism and History. Africa, Asia and Indian America in Western Textbooks*, New York, London, Lagos: Nok Publishers, 1978, 105.
2　Camacho Juan Rafael Quesada and Magda Zavala, eds., *500 años: Holocausto o Descubrimiento?* San Jose: Editorial Universitaria Centroamericana, 1991. Justin Thorens et al., eds., *1492. Le Choc des deux mondes*, Geneva: UNESCO/La Difference, 1993.
3　Vitorino Magalhaes Godinho, "Rôle du Portugal aux XVe–XVIe siècles. Qu'est-ce que découvrir veut dire? Les nouveaux mondes et un monde nouveau," in J. Thorens et al., *1492. Le Choc*, 57.
4　1781 年 3 月 13 日，英国天文学家弗里德里希·威廉·赫歇尔爵士（Friedrich Wilhelm Herschel, 1738—1822）发现天王星（Uranus）；1878 年，法国外科医生塞迪悦（Charles Emmanuel Sédillot, 1804—1883）提出"微生物"一词，来描述细菌细胞，或者指微小生物体。——译者注然而，这里的问题不仅仅是盲目的傲慢。术语体系在政治上和认识论上界定了一个领域。名字（命名）则建立了一个权力场。[1]"发现"和类似的术语，确保了一个人仅仅通过提及事件，就进入了一个预先确定的词汇领域，这一领域包含了各种陈词滥调和可预测的分类，从而排除了对政治和学术利益的重新定义。欧洲成为"发生了什么"的中心。在这一过程中，无论其他民族发生了什么，都已经缩减成一个自然的事实：他们被发现了。就如同行星和微生物被发现一样，早在未来的历史学家和内阁部长们明确提及它们之前，它们就已经存在了。

出于这个原因，我更喜欢说哥伦布"偶然发现了巴哈马群岛"，或者"发现了安的列斯群岛"，我更喜欢用"征服"而不是"发现"来描述他登陆后发生的事情。这样的措辞很尴尬，可能会让一些人感到惊讶。它们甚至可能惹恼一些读者。但这种尴尬和整个问题可以被当作琐碎的吹毛求疵而不予理会的事实都表明，要颠覆描述重要事实的语言并不容易。因为决定什么是琐碎的——和恼人的——那种权力，也是决定"发生了什么"如何变成"据说发生了什么"的权力的一部分。

这里，权力再次进入了历史真实性1和历史真实性2之

---

[1] 关于命名和权力场，参见 Michel-Rolph Trouillot, *Peasants and Capital. Dominica in the World Economy*, Johns Hopkins Studies in Atlantic History and Culture, Baltimore and London: The Johns Hopkins University Press, 1988, 27; "Discourses of Rule and the Acknowledgement of the Peasantry in Dominica, W.I., 1838—1928," *American Ethnologist* 16 (4) (1989), 704–718. 也参见前文第二章。

间的交界处。这些琐碎的法则——因为它是法则，而不是论点——禁止从那些目睹它发生的人，或它发生在他们身上的人的角度，来描述所发生的事情。它是档案权力的一种形式。随着权力的行使，"事实"变得清晰、干净。[1]

各种纪念活动进一步净化了行动者们生活于其中的混乱历史。它们促成了一个持续不断的神话创造过程，使历史具有更明确的形态：它们有助于创造、修改或认可那些被认为值得大规模庆祝的历史事件所赋予的公共意义。作为将历史包装起来供公众消费的仪式，各种纪念活动通过数字游戏创造了一个看似更真实、更简单的过去。

数字在游戏的终点——消费端——起着至关重要的作用：参加某个庆祝活动的人数越多，对众多见证人的暗示就越强烈，对于这些见证人来说，这个被神话化的事件从其第一天起就意味着某种东西。1992年，当数百万人庆祝由各州、广告商和旅行社举办的哥伦布登陆五百周年庆典时，他们的庞大规模加深了一种错觉，即哥伦布同时代的人肯定知道，1492年10月12日确实是一个重大事件——他们怎么可能不知道呢？但正如我们所见，事实并非如此；很多与我们同时代的人，出于各种原

---

[1] 为了让美国读者明白这一点，我将引用一个当地的类比。"约会强奸"这个概念尽管在法律上很模糊，在术语层面也很粗劣，但实际上对被强奸的受害者来说，它既是一种概念上的胜利，也是一种政治上的胜利。它淡化了一些关于强奸的事实，并使以前被禁止的关于强奸的叙述成为可能。被认为是清晰的事实至少可以提交给法庭以供判决。抛开语义上的歧义不谈，对受害者来说，这根本不是一件小事。

因，也这么说过。但是，1992年的庆祝者们，很少能够公开强调五百年前那个日子很普通，他们不需要承认权力在这一事件及其庆祝活动之间发挥的作用。

参与者越多样化，就越容易宣称某项活动的世界历史意义。[1]数字在日历中也同样重要。年、月和日期将历史呈现为世界自然循环的一部分。通过将各种事件包装在时间序列中，纪念活动用肯定性装饰了过去：庆祝活动周而复始的必然性，证明了事件的的确确发生过。

当然，循环的周期可能会有所不同，但年度的周期为现代纪念活动提供了一个基本要素：一个确切的日期。[2]作为历史生产的一个工具，那个日期将事件锚定在当下。它通过呈现某些历史，同时让某些历史沉默，来实现历史的生产。一个可预测的日期的再次出现，把哥伦布的登陆从1492年前后和欧洲崛起的语境中割离出来。它抹杀了当年的其他时间，现在只剩下了24个小时。它使哥伦布登陆这件事周围发生的所有事件都保持沉默。现在，一个潜在的无穷无尽的空白，包含了1492年及其前后发生的本可以讲述的却没有被讲述的事情。

1　在这一点上，登陆四百周年庆典为全世界都知道的历史（public history on a global stage）提供了最清晰的例子。出于不同的原因，在19世纪90年代早期，西班牙和美国都顺利邀请到一些国家参与庆典。但在1992年，它们没能成功。

2　百年庆典本身就是对年度主题的精心演绎。它们通常是围绕每年在固定日期庆祝的事件而设计的，即便只有少数人庆祝。它们可能会反过来使一个年度周期重新焕发活力，我们稍后将看到这一点。

然而，这一空白并不是没有被填补。固定的日期将事件单独放置在有其自身联系的新框架之内。作为一个固定的日期，10月12日是个盲目崇拜的储存库，存放着可能无穷无尽的各种不同事件，比如美国活动家迪克·格雷戈里（Dick Gregory）的出生；或者意大利男高音卢西亚诺·帕瓦罗蒂（Luciano Pavarotti）的出生；赤道几内亚的独立；音乐剧《耶稣基督万世巨星》的百老汇首演；或者那位名叫马丁·路德的天主教修道士，他不愿收回几个月前张贴在德国教堂门口的声明。所有这些事件都发生在基督教历法的10月12日，从1518年到1971年的不同年份。所有这些都可能被不同数量的里程碑崇拜者们公开承认。反过来，它们中的每一个都可以被另一个被认为同样或更值得注意的事件所取代：巴拉圭在1811年与阿根廷的决裂，1976年中国的四人帮被粉碎，1914年德国对法国占领的开始，或者1297年英格兰国王爱德华一世批准了《大宪章》。

从理论上说，这个花名册可以向任何方向扩充。如果说《大宪章》是这里提到的最古老的符号，那是因为这些例子来自对现在的西方制度化的记忆，都是通过小个子狄奥尼修斯·伊希格斯的系统进行索引的。采用其他的计数方式和另一组事件组合，基督教历的10月12日在任何一年都可能与许多周年纪念日重叠，与登陆巴哈马群岛邻近的一系列周年纪念日，会看起来相当晚近。作为对时间的武断标记，日期联系着许多不同的事件，它们都同样被去语境化，同样容易被神话化。在同一天庆祝的事件列表越长，这个列表看起来就越像是琐事游戏中的答案。但这恰恰是因为各类庆典在淡化历史进程（历史真实性1）的同时，也将历史神话化（历史真实性2）。

然而，神话的制作过程并不是均匀运作的，前面的列表也表明了这一点。因为在理论上，如果所有的事件都可以被去语境化到同样的虚无点，那么在实践中，并不是所有的事件都被同样的权力游戏所重塑，也不是所有的事件都意味着新的行动者进入舞台，并忙于重新塑造和挪用过去。总之，庆典是被创造出来的，而这种创造是历史生产过程的一部分。庆典跨越了历史真实性的两面。它们在被忽略的事件上强加了一种沉默，同时用人们所庆祝的事件的权力叙事，来填补这种沉默。

庆祝哥伦布日和10月12日应该庆祝的理由，现在对大多数美国人来说是显而易见的，正如五百周年纪念背后的理由，对许多西方国家来说是显而易见的一样。这些庆祝活动的大多数倡导者将唤起1492年"发生了什么"的明显意义，以及那次登陆事件同样明显的后果。但是，当时和现在之间的联系，并不比发生的事情和据说发生的事情之间的关系更直接。10月12日肯定不是哥伦布时代历史性的里程碑。那是经过几个世纪的战斗——既有琐碎的，也有浮夸的——和相当多的运气，那一天才终于转变为一个重要的日子。此外，并不是所有当前认

第四章　祝你好运，哥伦布　　165

为该日期及其所代表的事件很重要的人，都认可庆典的重要性。从西班牙到美国，从西班牙和美国到拉丁美洲，围绕挪用哥伦布的形象和辩论各不相同，本章只提到三个领域。[1]在这些领域内，哥伦布和哥伦布日的建构因时代和阶级、民族认同等因素的不同而变化。简而言之，从那时到现在的道路本身就是一部权力的历史。

制造中的周年庆典

哥伦布并没有被新生的西班牙视为最受欢迎的英雄，10月12日也不是他一生中特别的一天。可以肯定的是，在巴哈马群岛的登陆、美洲大陆被证实存在、加勒比地区被整合到欧洲的轨道中，以及与这些事件并行的帝国的重组，为世界强加了一个象征性的重新排序，而这又反过来促成了现在定义西方的神话——乌托邦、高贵的野蛮人、白人的负担等。[2]尽管如此，在

1　这里对这三个领域的处理是不相等的。我并不想在每个领域里把哥伦布和他登岸的所有方式都一个不漏地列举出来。特别是在拉丁美洲，在那里，和哥伦布有关的建筑数量很多，还很复杂，在接下来的讨论里，我不会完整地介绍拉丁美洲的情况。参见 Edmundo O'Gorman, *The Invention of America: An Inquiry into the Historical Nature of the New World and the Meaning of its History*, Bloomington: Indiana University Press, 1961; John Leddy Phelan, *The Millenial Kingdom of the Franciscans in the New World*, Berkeley: University of California Press, 1970. 但我并不是要展示哥伦布的形象在这三个领域中都是什么样子的，也不是用这三个领域中哥伦布的轮廓构建一个等边三角形来表现哥伦布的形象。更确切地说，这是一种关于权力的叙事，其目的不是为了任何中心论，当然，除了哥伦布偶然发现的一个不起眼的地方，这个地方现在被称为加勒比地区。

2　Michel-Rolph Trouillot, "Anthropology and the Savage Slot: The Poetics and Politics of

欧洲和美洲，围绕政治和经济权力进行了多年的激烈斗争，叙事才以承认发现是大事件和发现者是英雄的方式展开。实际上，查理五世（Charles V）和他对一个从突尼斯到利马，从维也纳到韦拉克鲁斯的天主教帝国的自命不凡，需要一个活生生的英雄，这才使当时已经过世的哥伦布成为一个英雄。1552年，弗朗西斯科·洛佩斯·德·戈马拉（Francisco Lopez de Gomara）向查理五世提出，历史上最重要的事件——继上帝创造世界和基督降临之后——就是征服美洲。[1]

即便在当时，也没有"公开"的庆祝活动。当洛佩斯·德·戈马拉写下这些语句时，生活在美洲土地上的卡斯蒂利亚人已经在日益沉重的殖民官僚体制下，衡量了新世界梦想与他们日常生活的现实之间的差距。哥伦布的第一批崇拜者，充其量也就限于少数西班牙知识分子和官僚。此外，尽管在腓力二世统治时期，西班牙的艺术和风格得到了国际社会的关注，但1588年无敌舰队的覆灭，已经暗示了其他时代和重要事件的降临。到17世纪初，法国、荷兰和英国的冒险家们争先恐后地征服美洲，和伊比利亚国家进行竞争。在菲利普执政后的两个世纪里，北欧人从加勒比种植园和跨大西洋贸易的兴起中获益

Otherness," in *Recapturing Anthropology: Working in the Present*, ed. Richard G. Fox, Santa Fe: School of American Research Press, 1991, 17–44.

1　Lewis Hanke, *Aristotle and the American Indians*, London: Hollis and Carter, 1959, 2–3; 124. Gomez, *L'Invention de l'Amérique*, 281.

第四章 祝你好运，哥伦布

最多，他们往往会委托画家绘制自己和家人的画作，而不是书写有关征服者的作品。与此同时，在欧洲的知识精英中，美洲的神秘面孔使哥伦布黯然失色。[1]

因此，哥伦布第一次作为神话最突出地显露出来，其实是在新大陆，在西班牙的前殖民地和美国。在启蒙运动时期，美国是少数几个现代公众在成长过程中没有受到封建历史影响的国家之一。在那里，和在其他地方一样，公共领域的宪法反映了权力的组织和民族国家的发展，但权力的构成方式与大多数欧洲国家不同。与欧洲相比，偏爱军乐队的美国市民们更公开地，也经常更成功地宣传庆祝活动和节日。[2]

坦慕尼协会（Tammany Society），或称哥伦布团（Columbian Order），是一群绅士们于 1789 年在纽约成立的小宗派的排他组织，对公众的关注、游行和奢华的宴会情有独钟。他们的庆祝活动包括华盛顿的诞辰和 7 月 4 日美国国庆日，还有巴士底日和其他他们认为值得承认的国际里程碑式日期。哥伦布的登陆出现在 1790 年出版的第一本日历上。更重要的是，他们最奢华的庆典举办于 1792 年 10 月 12 日，这件事看似一场历史的偶然

---

1 例如，直到 19 世纪 30 年代，关于像蒙特祖马（包括维瓦尔第）这样的美国人物的文学或音乐作品可能是关于哥伦布的 3 倍。
2 艾瑞克·霍布斯鲍姆在反思美国传统的发明时，理由充分地坚持认为，"美国人必须被制造出来"，而欧洲人在某些方面则不需要这样做。参见 Eric Hobsbawm, "Mass-Producing Traditions: Europe, 1870—1914," in *The Invention of Tradition*, ed. E. Hobsbawm and T. Ranger., Cambridge: Cambridge University Press, 1983, 279. 在美国，这种传统的产生比霍布斯鲍姆认为的更早，而且可能也早于欧洲，因为北美被认为没有真正的传统。

（如确定日期的共同努力，筹划资金的机会，以及政治上的机遇）。在那一天，成员们组织了一场令人难忘的宴会，并为哥伦布竖起了一座 4 米多高的纪念碑，他们承诺每年都要在哥伦布登陆纪念日那天举办庆典。他们没有一直遵守诺言。尽管如此，他们的宴会在近一百年后仍被人们记住，那时新的一批朝拜者们为哥伦布日寻找一个北美的惯例。[1]

与此同时，拉丁美洲一直保留着哥伦布的形象，但直到19世纪 80 年代末，人们对他的态度都很矛盾。一些国家为了争抢哥伦布的遗产与欧洲进行了多次战争，无论是现实中的真刀实枪还是字面上的隐喻。两个加勒比殖民地与西班牙争夺久逝的哥伦布的遗体。[2] 从玻利瓦尔在大陆的武装斗争中崛起的独立国家，在委内瑞拉和厄瓜多尔脱离大哥伦比亚之前和之后，都宣

---

[1] 关于坦慕尼协会，参见 Edwin Patrick Kilroe, *Saint Tammany and the Origin of the Society of Tammany or Columbian Order in the City of New York*, New York: Columbia University Press, 1913; Jerome Mushkat, *Tammany: The Evolution of a Political Machine, 1789—1865*, Syracuse: Syracuse University Press, 1971。1792 年，巴尔的摩和波士顿也举办了庆祝哥伦布登陆的庆典。参见 Herbert B. Adams, "Columbus and His Discovery of America," in *Columbus and His Discovery of America*, eds. H. B. Adams and H. Wood, Johns Hopkins University Studies in Historical and Political Science, 10th series, Baltimore: The Johns Hopkins University Press, 1892, 7–39; Reid Badger, *The Great American Fair: The World's Columbia Exposition and American Culture*, Chicago: N. Hall, 1979。美国第一座哥伦布永久纪念碑可能是由法国驻巴尔的摩领事德安摩尔骑士（Chevalier d'Anmour）修建的（Adams, "Columbus and His Discovery of America," 30–31）。不过，在早期哥伦布庆典活动中，纽约往往是最受欢迎的参照，这证明，即使是关于传统的传统也是不平等的。关于美国早期哥伦布纪念碑，参见 Charles Weathers Bump, "Public Memorials to Columbus," in Adams and Wood, *Columbus and His Discovery of America*, 69–88。

[2] 1505 年，哥伦布在西班牙去世。30 多年后，他的遗体被转移到圣多明各，后来据说又被转移到哈瓦那和 / 或塞维利亚。尽管人们更倾向于认为他的遗体在圣多明各，但具体地点现在仍存在争议。

示了对哥伦布名字的权利。然而，尽管拉丁美洲拒绝西班牙的政治监护，却并不意味着拒绝西班牙化，但早期的独立意识形态以及后来西班牙对古巴的十年战争（1868—1878）阻碍了哥伦布完全位列南美英雄们的万神殿。

种族，或者更确切地说种族意识，强化了拉丁美洲人对哥伦布的矛盾心理。拉丁美洲人的意识形态赋予新世界形势在社会种族范畴形成方面的积极作用。这并不仅仅是因为这些范畴需要新名称（克里奥尔人，桑博人，梅斯蒂索人）或旧名称下的新成分（马穆鲁克，莫雷诺人，拉迪诺人）；将他们设计出来的那些规则与欧洲的规则不同，并且严格来说得到了认可。[1]与这些规则交织在一起的各种话语，以及重新生产的克里奥尔语范畴，无论是含蓄的还是明确的，都赋予了"融合"的隐喻一种中心的角色，尽管有些文化传统受到了由来已久的诋毁，尽管存在操纵表现型感知的分层体系。虽然它是扭曲的，但融合确实发生了。[2]

---

[1] 早期殖民者非常坦率地承认分类规则已经改变。它在18世纪和19世纪有所衰落，在20世纪随着各种政治和文化民族主义重新出现。参见 Anthony Pagden, "Identity Formation in Spanish America," in *Colonial Identity in the Atlantic World*, eds. N. Canny and A. Pagden, Princeton: Princeton University Press, 1987, 51–93; Stuart Schwartz, "The Formation of a Colonial Identity in Brazil," in *Colonial Identity in the Atlantic World*, 15–50; Magnus Mörner, *Race Mixture in the History of Latin America*, Boston: Little, Brown, 1967; Magnus Mörner, ed., *Race and Class in Latin America*, New York: Columbia University Press, 1970。

[2] Mörner, *Race Mixture; Race and Class in Latin America*; Schwartz, "The Formation of a Colonial Identity in Brazil"; Pagden, "Identity Formation in Spanish America"; Marvin Harris, *Patterns of Race in the Americas*, New York: Norton Library, (1964) 1974; Nina De Friedemann, "The Fiesta of the Indian in Quibdó, Colombia," in *Ethnicity in the Americas*, ed. F. Henry, The Hague

虽然西班牙的殖民统治也很残酷，但并没有像盎格鲁人在美洲大陆北部或西班牙人自己在加勒比群岛所做的那样，消灭被征服前的美洲南部的人，这仅仅是因为墨西哥和安第斯山脉的原住民人口众多。早期的文化实践往往将欧洲和本土元素交织在一起。早期独特的地方认同的表现包括一些"印第安的特色"。历史学家斯图尔特·施瓦兹（Stuart Schwartz）利用费尔南多·德·阿泽德沃（Fernando de Azedevo）的研究发现，在巴西的某些地区，"图皮语（Tupi），一种占主导地位的印第安语言，比葡萄牙语使用得更广泛……甚至被殖民者们使用"。[1] 后来，19世纪的政治学说既包含了融合的隐喻，也包含了对印第安人的承认，尽管权力组织将印第安人和非洲裔拉丁美洲人排除在决策过程之外。因此，玻利瓦尔可以在1815年宣称："我们……既不是印第安人，也不是欧洲人，而是介于这个国家的

---

and Paris: Mouton, 1976, 291–300.

这并不意味着拉丁美洲脱离了种族、宗教和文化的国际等级制度，也不意味着该地区的美洲原住民没有遭遇偏见。相反，无论是歧视的话语还是制度化的做法，都给行动者带来了更多的灵活性，而不是像僵化的美国体系那样，仅凭表现型无法决定特定个体的社会种族派别。事实上，有时候情况可能恰恰相反：已知的"印第安"血统的个体可能变成"白人"。参见 Eric R. Wolf, *Sons of the Shaking Earth*, Chicago and London: University of Chicago Press, 1959, 236。对黑人群体的处理以及界定黑人和白人界限的方式也与这一论点有关。马文·哈里斯（Marvin Harris）正确地批评了有关拉丁美洲种族和谐的天真说法，他承认，"可以肯定的是，所有的混血儿过去没有，现在也不会因为适用血统规则而被迫回到一个截然不同的黑人群体中。奴隶制时期是这样，奴隶制之后也是这样……"。参见 Harris, *Patterns of Race*。这对美洲原住民来说更是如此。

1 Schwartz, "The Formation of a Colonial Identity in Brazil," 30. See also Pagden, "Identity Formation in Spanish America."

合法所有者和西班牙篡位者之间的人种。"[1] 数十年后，19 世纪的科学种族主义确实影响了拉丁美洲的观点和实践，尽管它并没有总是否定那种对混血而不是血统纯正、程度差异而不是种类差异的强调。[2]

简而言之，由于许多在这里无法详细描述的复杂原因，拉丁美洲人甚至在 20 世纪各种形式的**本土主义**兴起之前，都没有将本土文化从他们的神话中排除。他们认为自己是不同种类的**克里奥尔人和梅斯蒂索人**，是新世界的人；也许哥伦布身上旧世界的特征太明显了。[3]

相比之下，在美国，尽管夸大了"大熔炉"的提法，但种族意识形态还是凸显了与**旧世界**的连续性。真正的原住民的结局，主要是死亡或被驱逐到保留地。新的原住民（通过他们连字符的集体名称来识别）被一代一代地编号，他们的后代为了神话的欧洲的片段而互相争斗。这种特殊的种族政治已经被证明是哥伦布在美国形象的福音。

1　引自 Mörner, *Race Mixture*, 86。
2　Mörner, *Race Mixture*; Manning Nash, "The Impact of Mid-Nineteenth Economic Change Upon the Indians of Middle America," in Mörner, ed., *Race and Class in Latin America*, 181–183.
3　拉丁美洲关于文化和种族渊源的著述里的这些意识形态特征如此强烈，以至于它们渗透到了学术文献中。许多学者谈到拉丁美洲的群体，认为在被征服前，他们是纯粹的独立体（印度、非洲、西班牙、葡萄牙），被征服后，他们就好像变成了特殊的生物混合体，好比咖啡牛奶类型的混合物（例如 Mörner, *Race Mixture and Race and Class*）。同样，西属美洲的"印第安遗产"通常是由"本土"文化历史学家假设出来的，而不是被证实的（例如 Mariano Picón-Salas, *A Cultural History of Spanish America from Conquest to Independence*, Berkeley: University of California Press, 1967）。

种族给了哥伦布一个游说团体，这是他在美国文化中成功获得公众认可的先决条件。1850年的人口普查报告中，只有3679名在意大利出生的人。然而到1866年，由纽约神枪手协会组织的意大利裔美国人庆祝了哥伦布的登陆，在之后的3年内，每年的10月12日前后，在费城、圣路易斯、波士顿、辛辛那提、新奥尔良和旧金山等地举办了各种年度庆祝活动。[1] 然而，这个庆祝活动若要变成一个国家行动，仅有意大利人和西班牙人是不够的。幸运的是，种族给了哥伦布第二个，而且是人数更多的游说团体——爱尔兰裔美国人。

到1850年，已有96.2万美国人声称自己拥有爱尔兰血统。他们中的许多人重新建立了组织，比如1881年成立的哥伦布骑士团（Knights of Columbus），这是一个天主教兄弟会。在不到10年的时间里，社区的支持和天主教会的机构赞助使骑士团的人数大增。随着该骑士团在爱尔兰裔美国人的支持下在美国东北部地区扩展，它越来越强调"公民文化"的塑造。[2] 在使这些移民成为公民方面，哥伦布发挥了先驱的角色。他为他们树立

1　Lydio F. Tomasi, ed., *Italian Americans. New Perspectives in Italian Immigration and Ethnicity*, New York: Center for Migration Studies of New York, 1985; Charles Speroni, "The Development of the Columbus Day Pageant of San Francisco," reproduced in *The Folklore of American Holidays*, ed. H. Cohen and T. P. Coffin, Detroit: Gale Research, 1987, 301—302.
　　早在19世纪40年代，尤其是热那亚移民在纽约建立科伦坡卫队之后，意大利裔美国人就含糊其词地提及哥伦布日的庆祝活动。参见 Lydio F. Tomasi, ed., *The Italian in America: The Progressive View, 1891—1914*, New York: Center for Migration Studies, 1972, 79。

2　Christopher Kauffmann, *Faith and Fraternalism. The History of the Knights of Columbus, 1882—1982*, New York: Harper & Row, 1982.

了一个天主教献身精神和公民美德的公开榜样，从而有力地反驳了"效忠罗马优先于天主教徒对美国的忠诚"这一固有观念。在纽黑文，1892年的登陆纪念庆典吸引了4万人参加，其中包括6000名骑士团成员和一支由西点军校音乐总监指挥的千人乐队。[1]

这些庆祝活动的成功，并不仅仅是因为信奉天主教的美国人渴望被接受，哥伦布的崇拜者也不仅仅局限于天主教徒。在19世纪早期，历史作为一门必修科目被引入学校的课程，而历史教育在美国内战前的缓慢发展，也使更多的人熟悉了哥伦布，同时有关哥伦布的少数概述性的传记，也在19世纪上半叶陆续出版。[2] 然而，庆祝活动与天主教的联系是至关重要的，因为天主教徒资助的团体使19世纪90年代之前哥伦布日的大规模庆祝成为可能。到19世纪90年代，意大利裔和爱尔兰裔美国人为在美国推广哥伦布日所做的努力，与西班牙和美国分别赞助的两项大众媒体事件——巴哈马群岛登陆四百周年纪念日的国际庆祝活动——同时进行，并最终纳入这些国际性的庆祝活动。

1　Kaufmann, *Faith and Fraternalism*, 79–81.
2　Bessie Louise Pierce, *Public Opinion and the Teaching of History in the United States*, New York: Alfred A. Knopf, 1926.

卡斯蒂利亚人和北方佬

19世纪下半叶,在那些将为数众多的工人阶级和广泛的选举特权结合在一起的国家公共话语的系统管理受到空前的关注。随着"公众"——这是对第一次资产阶级革命的一种相当模糊的假设——被意识到确实存在,政府官员、企业家和知识分子参与了对传统的有计划的生产,这些传统跨越了阶级身份,强化了民族国家。在欧洲,民族主义游行成倍增加,而美国政府则强制规定公立学校每天都要向国旗致敬。伦敦、巴黎和费城的国际博览会吸引了数百万游客;学术会议(比如1873年召开的第一次东方学会议)和官方纪念活动(比如1880年法国的巴士底日)教导了这些全新的大众自己是谁,同时也部分地告诉他们自己不是谁。社会主义者、无政府主义者和工人阶级的政治活动家们以同样的方式回应,他们宣传自己的英雄,并推广五一劳动节之类的庆祝活动。公共历史也弥漫在那时的空气中,流行一时。[1]

在这个快速发展的世纪末,西班牙却陷入了衰退。西班牙

---

1 Hobsbawn, "Mass-Producing Traditions"; Eric Hobsbawn, *The Age of Empire, 1875—1914*, New York: Pantheon, 1987; Salvador Bernabeu Albert, *1892: El IV Centenario del descubrimiento de America en España: Coyonjuta y Commemoraciones*, Madrid: Ceonsejo Superior de Investigaciones Cientificas, 1987; Timothy Mitchell, *Colonizing Egypt*, Cambridge: Cambridge University Press, 1988; Reid Badger, *The Great America Fair: The World's Columbia Exposition and American Culture*, Chicago: N. Hall, 1979.

被派系斗争撕裂，在欧洲被几乎所有的大西洋国家所包围，在美洲则受到英国的经济入侵和美国的影响，以及被失去古巴这种持续的恐惧紧紧包裹，西班牙迫切需要道德和政治上的提升。[1] 保守党领袖安东尼奥·卡诺瓦斯·德尔·卡斯蒂略（Antonio Cánovas del Castillo）是波旁王朝复辟时期自学成才的建筑师和历史学家，他把哥伦布和大发现作为这次预期复兴的完美比喻。

人们对哥伦布的兴趣在19世纪有所增长。19世纪30年代后，在欧洲和美洲出版的哥伦布传记数量显著增加。在19世纪80年代关于"四百周年庆典"的各种建议也是如此。卡诺瓦斯把这种日益增长的兴趣变成了一场盛会：一场政治和外交的十字军东征，一场经济冒险，一场为了华丽壮观而被西班牙和世界所消费的奇观。纪念活动成了一个强有力的工具，利用这场庆典活动，这位政治家兼历史学家和由学者、官僚组成的四百周年庆典筹备团，完成了一场以西班牙为主角的"大发现"叙事。用最详尽的编年史家的话来说，西班牙的四百周年庆典是"复兴的顶峰"。[2]

西班牙在庆祝活动上花费了250多万比塞塔和4年的筹备时间。各个城市都进行了翻新，建立了纪念碑，并以最近的国

1　Raymond Carr, *Spain, 1808—1939*, Oxford History of Modern Europe, Oxford: Clarendon Press, 1966; Melchor Fernandez Almagro, *Cánovas. Su vida y su política*, Madrid: Ediciones Tebas, Collección Políticos y Financieros, 1972; Hobsbawm, *The Age of Empire*.

2　Albert, *1892*, 19.

际展览为榜样修建了展馆。[1] 经过长达一年的一系列庆典活动，1892年10月和11月举行了盛大的仪式，西班牙王室和许多外国政要前来参加。10月9日，卡诺瓦斯、他的妻子和王室成员们参加了在安达卢西亚海岸举办的模拟探险活动，有12个国家的护航船只参加。至少有24个国家正式参加了西班牙的这场四百周年庆典。[2] 哥伦布船只的复制品横渡了大西洋。几个星期以来，西班牙一直是世界的中心。马德里和塞维利亚的游行得到了哈瓦那和马尼拉的响应，最强大的西方国家的官员们都在向西班牙致敬。

规模宏大的国际参与在很大程度上归功于卡诺瓦斯对庆典及其目的，也即大发现本身的精心包装。他不仅把四百周年纪念庆典宣传为一场空前的盛会，还把它视作对最开明的思想的挑战，一场为期一年的研讨会，讨论过去和现行的政策、西班牙在世界上的角色、西方文明以及历史的意义。为迎接1992年五百周年庆典而实施的一系列行动中，四百周年庆典的筹备团开办了一系列学术活动，使庆祝活动合法化。[3]

这个筹备团创办了至少一份严肃的学术期刊，影响他人，

---

[1] 我对四百周年纪念活动的描述主要来自 Albert, 1892。关于当时西班牙的情况，参见 Carr, Spain, 1808—1939；关于卡诺瓦斯，参见 Almagro, Cánovas。

[2] 这些国家是法国、英国、意大利、比利时、俄罗斯、奥地利、荷兰、丹麦、德国、葡萄牙、墨西哥、阿根廷、多米尼加共和国、萨尔瓦多、危地马拉、哥斯达黎加、哥伦比亚、乌拉圭、玻利维亚、秘鲁、智利、巴西、海地和美国。

[3] Albert, El IV Centenario; Louis de Vorsey, Jr. and J. Parker, eds., The Columbus Landfall Problem: Islands and Controversy, Detroit: Wayne State University Press, 1982.

支持学术研究团体，并委托进行研究，这些研究至今仍激励着欧美学界的思考。从 1891 年 2 月到 1892 年 5 月，仅在马德里艺术博物馆就举办了 50 多场公开讲座。许多标题显示了四百周年庆典在塑造当时仍在讨论中的征服美洲的类别和主题方面的作用：各种殖民系统对被征服人群的不同影响、黑人传说的准确性、被征服前美洲人的文化遗产、西班牙对哥伦布的处理、哥伦布相对于其他欧洲探险家的角色、他准确的登陆地点、他准确的埋葬地点等。[1] 这些活动不仅影响了参与的学者们，还在公众中塑造了普遍的认同，即对什么是最重要的这一问题的共识。首先，他们使大发现和哥伦布成为学术讨论的对象，吸引了公众更多的关注。其次，他们给予任何愿意关注此事的各方——个人、政党或国家——一个明显中立的理由来庆祝，尽管各种内涵和目的互有冲突。

内涵和目的差别很大。西班牙的城市人群把这个四百周年的纪念活动看作是对西班牙的一种致敬，在一定程度上，它是一种即将到来的复兴的象征。记者安吉尔·斯托（Angel Stor）以许多人的名义写道："在发现美洲的过程中，有一个比天主教徒伊莎贝拉（Isabella）和费迪南（Ferdinand）伟大得多的角色……也比哥伦布本人伟大得多，因为一个人永远不可能做一

---

1 马德里和其他地方的话题五花八门，从"国际私法中的婚姻和离婚"，到西班牙和葡萄牙与拉丁美洲结成军事联盟的可能性，再到哲学实证主义与历史写作的相关性。

个民族能做的事。这个角色就是西班牙——这部精彩史诗的真正主角。"[1]

卡诺瓦斯的叙事与斯托的没有太大的不同。他将庆祝活动视为一个独特的时刻,可以加强西班牙在大西洋以西的存在,以及在较小的程度上显示在欧洲的地位。但他也利用这次纪念活动巩固了他的个人权力。四百周年纪念使他成为西班牙故事的配角,成为主角的必然影子。在西班牙第一次实行"普遍"(男性)选举权的政治背景下,以及近乎强迫症似的担心在欧洲和其他地区丢脸,卡诺瓦斯作为国家的真正代表和荣誉的保证人,从庆祝活动中走出来。

荣誉不是唯一的利益。在很大程度上,西班牙的四百周年庆典也旨在为重新征服美洲创造一个空间。虽然那些象征性的礼物——比如学校和药房——是送给菲律宾的,但庆祝者的目光却在大西洋的另一边。面对美国取得的成就,许多西班牙领导人觉得有必要加强与拉丁美洲的商业和文化联系。与此同时,那些希望西班牙橄榄或葡萄酒进入美国市场的人,在庆祝活动中看到了与北美的公司和机构建立联系的机会。

反过来,美国的经纪商们也希望与他们接触,但是要按照自己的条件来。美国是唯一一个名字中包含着一个大陆的国家

---

[1] 引自 Albert, *El IV Centenario*, 123。

(南非建立得更晚），其帝国的命运沿着明显的轨道展开。因此，如果对西班牙来说，四百周年庆典是一个验证过去辉煌和展望未来辉煌的机会，那么对许多美国人来说，这是一个验证和庆祝他们当前事业的机会。因此，美国官员对卡诺瓦斯的庆祝活动只说了寥寥几句话，却把精力投入了**他们的**四百周年纪念活动——芝加哥哥伦布世界博览会的上面。

芝加哥博览会实际上是在1893年开幕的，但到那时，历史的准确性，甚至哥伦布本人都变得相当次要。尽管哈佛大学皮博迪博物馆（Peabody Museum）和史密森学会（Smithsonian Institution）都做出了贡献，而且当时的后起之秀弗朗兹·博厄斯（Franz Boas）也在场，但这一活动的学术层面几乎无关紧要。亨利·亚当斯后来在他的《教育》一书中写道："博览会否定了哲学……自从诺亚方舟诞生以来，就没有这样松散杂乱的巴别塔，没有这样含糊不清、毫无关联的想法，没有这样三心二意的想法和实验性的呐喊……搅乱了五大湖的湖面。"[1]

与1892年的马德里相比，1893年的芝加哥博览会并不是什么学术事件。最重要的是钱：花钱和赚钱。美国为1892年马德里庆典的拨款只有2.5万美元，仅有美国为1889年的巴黎世博会拨款的十分之一，与芝加哥博览会580万美元的拨款相比，

---

1 引自 Badger, *The Great America Fair*, 120。

更是九牛一毛。[1] 1889 年的巴黎世博会和 1876 年在费城举办的美国独立一百周年的纪念庆典，向北美的企业家们证明了国际博览会可以产生利润。到 19 世纪 70 年代末，洛克菲勒、范德比尔特、摩根和阿斯特等人都一致认为，美国还需要再举办不止一次这样的赚钱活动。博览会在芝加哥举办的时间晚了一年，这是官僚和投资者的意外和失误的综合结果。它以哥伦布的名字命名，还包括一位西班牙公主作为荣誉嘉宾，这些都只是一些额外的噱头。

尽管哥伦布对自己身处博览会的情况知之甚少，但他从芝加哥获益良多。纪念活动以数字彰显其盛况，1893 年的四百周年庆典展示了美国对规模的渴望：参会的国家、场馆面积、展品数量和投入资金比世界上任何一次博览会都要多。芝加哥赢得了数字游戏的冠军——仅在参会人数上次于巴黎博览会——并为哥伦布提供了迄今对他的登陆最成功的庆祝活动：2830 万美元的支出；2880 万美元的进账；2150 万人参加了这次活动，而且当地的记录中没有抗议活动。一些西班牙记者嘲笑称，他们所看到的是粗俗的狂欢节，但芝加哥的数字说明了一切。哥

1　Badger, *The Great America Fair*, 132. 关于芝加哥博览会，参见 John Joseph Flinn, ed., *Official Guide to the World's Columbian Exposition*, handbook ed., Chicago: Columbian Guide, 1893; Rand McNally and Co., *Handbook of the World's Columbian Exposition*, Chicago: Rand McNally, 1893; Badger, *The Great America Fair* and Robert W. Rydell, *All the World Is a Fair. Visions of Empire at American International Expositions, 1876—1916*, Chicago: University of Chicago Press, 1984.

第四章　祝你好运，哥伦布　181

伦布登陆事件原本只是一个奢侈的北方佬集市的包装，但最后，集市太大了，以至于连包装也被注意到了。

拉丁美洲当然也注意到了。可以肯定的是，哥伦布变身成北方佬的英雄，成了大西洋西部的独行侠，但在芝加哥以外的地方，他看起来多少有些平庸。尽管如此，站在遥远的南方的视角上，博览会从它表现出的象征意义来看，属于政治和经济的范畴。芝加哥书写的哥伦布故事，与美国正忙于在西半球土地上书写的征服叙事重叠。据说，1492年发生的事情使19世纪90年代早期发生的事情合法化。国务卿詹姆斯·吉莱斯皮·布莱恩（James Gillepsie Blaine）是1889年庆祝活动的发起人之一，他在华盛顿主持召开了第一次美洲国家会议。[1]1890年，小C. 基斯（Minor C. Keith）在哥斯达黎加收购了3000多平方千米的公共土地，美国国会通过了麦金利关税法案，美国企业家控制了古巴糖出口的80%。1891年，美国海军上将班克罗夫特·盖拉尔迪（Bancroft Gherardi）威胁要夺取海地的部分领土，美国海军准备对智利开战。1892年，美国邮政局长以一个普通公民经纪人的身份，买下了多米尼加共和国的全部外债。在西班牙统治四百年后，美国接管了美洲。这条道路是一样的：首先是加勒比地区，然后是美洲大陆。鉴于这种持续的扩张，作

---

[1] 几年前，美国抵制了玻利瓦尔的一个类似的项目。布莱恩本人没有见证博览会的开幕。在向哈里森总统递交辞呈几个月后，他于1893年1月去世。

为北方佬中的一员,哥伦布即使不一定不那么愚蠢,但至少看起来更真实一些。[1]

欧洲也注意到了。在一定程度上,泛美洲战略是为了阻止欧洲对西半球的入侵。19世纪80年代,英国在南美洲的投资超过了美国。在1889年之前,法国人一直被视为威胁,直到他们的巴拿马运河工程破产。[2]即便是规模相对较小的德国和意大利企业,也受到了来自北美方面的怀疑。因此,从1890年到芝加哥博览会结束,欧洲人被反复告知应如何解读哥伦布,以及这个新的解读对西半球意味着什么。

这种新解读的强行实施需要许多沉默的生产。由于有些痕迹是擦不掉的,所以它们的历史意义就不得不被减少了。只有根据新的解读,它们才会变得无关紧要或重要。因此,博览会的官方指南认为,在1776年之前280年的欧洲化的美洲历史毫

---

[1] Albert T. Volwiller, ed., *The Correspondence Between Benjamin Harrison and James G. Blaine, 1882—1893*, Memoirs of the American Philosophical Society, vol. 14, Philadelphia: American Philosophical Society, 1940; Leslie Manigat, *L'Amérique latine au XXe siècle 1889—1929*, L'Univers Contemporain, ed. Jean Baptiste Duroselle, Paris: L'Université de Paris, Institut d'Histoire de Relations Internationales, 1973; Lester D. Langley, *America and the Americas: The United States in the Western Hemi sphere*, Athens: University of Georgia Press, 1989; Homer E. Socolofsky and Allan B. Spetter, *The Presidency of Benjamin Harrison*, American Presidency Series, Lawrence: University of Kansas, 1987; David Healy, *Drive to Hegemony. The United States in the Caribbean, 1898—1917*, Madison: University of Wisconsin Press, 1988.

[2] 开凿中美洲地峡运河的想法,最早可追溯到1534年西班牙国王查理五世的计划。但巴拿马运河的开凿工程计划的实施,最早由法国人进行。1879年,建造苏伊士运河的负责人斐迪南·玛利·维孔特·德·雷赛布(Ferdinand Marie Vicomte de Lesseps)组织了巴拿马洋际运河环球公司,1881年1月1日,巴拿马运河开工。但由于工程的难度被过分低估,巴拿马运河的开凿工程在损失了大量的资金与22000名工人的生命之后,于1889年2月4日宣告破产。1904年5月,美国接手了巴拿马运河开凿工程,并于1914年全部完工。——译者注

无意义：西半球的历史只是美国崛起的"准备阶段"。这项发现的意义，可以用美国现在生产的小麦蒲式耳的数量和铁路的长度来衡量。为了同样避开欧洲和拉丁美洲，官方指南补充道："因此，由克里斯托弗·哥伦布发现的，美洲大陆上最伟大国家的人民，应该带头庆祝哥伦布登陆四百周年。"[1]

就连美国公民也被明白无误地告知哥伦布不是什么，以免爱尔兰裔的工人阶级，尤其是来自意大利的家庭把他当作挡箭牌，以掩盖他们高度可疑的入侵行为。从欧洲来的移民人数在1860年到1893年间翻了一番。与此同时，移民越来越多地来自非英语地区，这些地区在当时被称为"南欧"：意大利、俄国、波兰、波希米亚和其他疑似的白人国家。到1890年，意大利移民人数已超过30万。

在这种移民语境下，认为"南方"移民具有生物劣势，以及他们对美国"未来种族"构成威胁的观点，开始广泛传播。站在新移民一边的进步期刊发表各种文章，标题如《意大利人是危险阶层吗？》之类。[2] 在意大利人的数量突破30万大关的两年后，铁路大亨昌西·M. 迪普（Chauncey M. Depew）在一次讲话中承认，哥伦布日"不属于美国，而是属于世界"，并

1　Flinn, *Official Guide to the World's Columbian Exposition*, 7–8.
2　I. W. Howerth, "Are the Italians a Dangerous Class?" *The Charities Review——A Journal of Practical Sociology* IV (1894): 17–40.

接着警告"不健康的移民",敦促美国公民"加强对疾病、贫穷和犯罪的隔离检疫"。[1] 到20世纪90年代,仅仅过了100年,在加利福尼亚州和佛罗里达州就又出现了类似的主张。但到那时,谩骂针对的是墨西哥和加勒比移民;意大利人和俄国人的后裔,则已经融入了这个白色的大熔炉。

尽管爱慕虚荣,但那些为芝加哥博览会编写剧本的人,并不能控制对剧本所有可能的解读。他们的胜利在一定程度上是由于他们比他们的前辈们更脱离了哥伦布的背景。然而,一旦这样做了,哥伦布就不只是他们的了。成功的各类庆典将他们所庆祝的事件成功地去语境化,但这样做却打开了一扇大门,让人们可以对这些事件进行竞争性解读。仪式越丰富,后续的表演者们就越容易改变剧本的部分内容,或强加新的解释。最近关于巴哈马群岛登陆五百周年庆典的争议之所以可能,部分原因是庆祝者们在物质和象征两个方面,都进行了奢侈的投资。但这些争议的影响范围也因过去那些庆典的意义而扩大。作为一种特殊的仪式,各种庆典都是建立在彼此的基础之上的,每一种庆祝活动都是为了下一次。卡诺瓦斯的嘉年华和早些时候意大利裔和爱尔兰裔美国人的游行,无意中促进了芝加哥博览会的举办。而芝加哥博览会则被一些移民解读为承认了他们在

---

1 Tomasi, *The Italian in America*; Badger, *The Great America Fair*, 85.

这个大熔炉中的存在——从巨头们的角度来看，这显然是一个意想不到的结果。从那以后，美国的天主教徒们因为他们的英雄获得了全国人民的承认，而部分地感到自己获得了认可。

到了19世纪90年代，美国对哥伦布的挪用成为一种全国性的现象。这些被生产出的叙事改写了过去，证明了一种与哥伦布联系的必然性。种族和宗教领袖、郡县和市政当局开始在各自的起源历史中寻找哥伦布的踪迹，忙于创造其他的叙事，使先前的叙事沉默。例如，到20世纪末，俄亥俄州的哥伦布市是以发现者的名字命名的，这已成为公众的常识。然而，记录哥伦布作为俄亥俄州政府所在地的主要文件中，并没有提到这位热那亚的航海家。最初的法案中并没有提及哥伦布，法案签署并提交参议院时，《众议院杂志》中也没有提到哥伦布。几年后法案被修订时，还是没有提到哥伦布。1816年，州长沃辛顿在俄亥俄州议会发表讲话时，只是简单地说哥伦布市已经成为州政府的永久所在地，而没有提到哥伦布这个人。同一年，《俄亥俄州公报》确实提到美国是"哥伦比亚共和国"，但它对哥伦布市的描述并没有让人想起这位热那亚航海家。之后该公报的各期也没有提到他。从19世纪30年代到50年代，对这座城市和这个州各种进一步的描述或历史中，同样没有提及俄亥俄州的哥伦布市和热那亚的哥伦布这个人之间的联系。即使在1873年出版的一本关于该市的综合历史书中，也没有提到这种联系。[1] 总之,直到 1873 年,俄亥俄州的哥伦布市和克里斯托弗·哥伦布这个人,在历史上都是不相关的。

然而到 1892 年,在弥漫了整个芝加哥博览会的兴奋之中,历史学家们将俄亥俄州的哥伦布市列为哥伦布在美国被广泛认可的一个明显的证据。[2] 一个世纪之后,在哥伦布市举办的美国花卉博览会(AmeriFlora'92),是一场纪念哥伦布登陆五百周年的活动集合,布什总统重申了当时已牢固建立起来的联系的必然性:

> 这一特别活动已被五百周年纪念委员会指定为一个正式项目,这是再恰当不过的事。在俄亥俄州的哥伦布市——以这位伟大的探险家命名的世界上最大的城市,

---

[1] "An Act Fixing and Establishing the Permanent and Temporary Seats of Government," *Journal of the House of Representatives of the State of Ohio*, Chillecothe: J. S. Collins, 1812. "An Act to Amend an Act Fixing," *Journal of the House of Representatives of the State of Ohio*, Zanesville: Dadid Cham, 1816. John Kilbourn, *The Ohio Gazetteer or Topographical Dictionary*, 2d ed., Columbus: Smith and Griswold, 1816, 3 and passim; 3d ed., Albany, New York: Loomis, 1817; 5th ed., Columbus, Ohio: Griswold, 1818; 6th ed., Columbus, Ohio: Bailhache & Scott, 1819. Caleb Atwater, *A History of the State of Ohio, Natural and Civil*, 2d ed., Cincinnati: Glenzen & Shepard, 1838. James Silk Buckingham, *The Eastern and Western United States of America*, vol. 2, London: Fisher, Son, 1842. James H. Perkins, *Annals of the West*, Cincinnati: James R. Albach, 1847. Henry Howe, *Historical Collections of Ohio*, Cincinnati: Bradley and Anthony, 1848. W. H. Carpenter and T. S. Arthur, eds., *The History of Ohio, from its Earliest Settlement to the Present Time*, Philadelphia: Lippincott, Grambo, 1854. Jacob Henry Studer, *Columbus, Ohio: Its History, Resources and Progress*, Columbus: J. H. Studer, 1873.

可以肯定的是,所有这些文件可能都遗漏了热那亚航海家和俄亥俄小城之间的联系。我认为,即使当时存在这样的痕迹,它在俄亥俄州哥伦布市内外也没有什么意义。詹姆斯·西尔克·白金汉(James Silk Buckingham)和亨利·豪(Henry Howe)都对城镇名称的起源很感兴趣。他们都没有提到这位热那亚人。

[2] Bump, "Public Memorials to Columbus," 70.

1992年的美国花卉博览会将纪念的是他所发现的土地，以及他所到之处的丰富的文化遗产。[1]

衡量芝加哥博览会成功与否的最终标志是它在多大程度上使哥伦布成为美国的一部分。博览会举办一个世纪后，除俄亥俄州以外，另外的 14 个州都有了名为哥伦布的城镇，美国的景观中充满了哥伦布的足迹。[2] 除了布什总统提到的美洲印第安人的文化遗产外，这个更美国化的哥伦布，也是一个更加白人化的哥伦布。在这个熔炉中，所有尚未被同化的民族都没有平等的地位。进入这个熔炉的第二批人——爱尔兰裔美国人、犹太裔美国人、盎格鲁裔美国人——总是强调自己的白人特征。第一批则只衡量在给定的历史时刻与第二批的兼容性。[3] 因此，当哥伦布越来越成为美国人的时候，他不得不变得更像一个白人，尽管当时反意大利的种族主义盛行于芝加哥博览会期间。当哥伦布变得更白人化的时候，他也为那些声称他是他们过去的一

---

[1] *Official Guidebook, AmeriFlora '92: April 20–October 12*, Columbus: Marbro Guide Publications, 1992. 最近有很多人提到"以伟大的探险家命名的世界上最大的城市"，这与1893年的芝加哥和美国对扩大规模的意愿相呼应。

[2] Sidney W. Mintz, "Goodbye, Columbus: Second Thoughts on the Caribbean Region at Mid-Millennium," Walter Rodney Memorial Lecture, May 1993, Coventry: University of Warwick, 1994.

[3] 因此，关于"黑色人种"与"黑人"、"非洲裔"或"非裔美国人"的术语辩论的相关性有限。这里的核心问题不是如何指定已知拥有非洲血统的美国公民，而是如何使他们的黑人血统和进入熔炉的第二批人相调和。一个悬而未决的问题是，一些亚裔美国人或西班牙裔美国人，是否会像所有爱尔兰和意大利移民一样成为名誉白人，以及这个新加入的群体是否会让进入熔炉的第二批人出现裂痕。

部分的那些人的白人化做出了贡献，这进一步为芝加哥博览会时官方确定的叙事提供了多种解释。博览会的成功，在它的一些发起人提出的美国的愿景中，造成了一种意识形态上的突破。

3 年后，意大利人决定打乱芝加哥博览会的演出剧本，他们在纽约成立了哥伦布之子军团，并在第二年庆祝了哥伦布日。[1] 他们的努力与爱尔兰人的努力结合在一起，尽管并不总是通过正式的合作。特别是哥伦布骑士团的成员，为他们所选择的祖先辛勤工作。随着爱尔兰裔美国人带着白人身份的全部好处逐渐遍布全国，哥伦布骑士团持续向各州立法机构请愿，要求将 10 月 12 日定为法定假日。到 1912 年，他们取得了胜利。哥伦布本人更是远离了 1492 年欧洲的背景，变得比以往任何时候都更像爱尔兰人——直到意大利裔美国人在两次世界大战后的大规模移民潮之后，在持续不断的种族和历史合法性的争夺中取得了新的进展。[2]

拉丁裔美国人还以出人意料的方式挪用了哥伦布，扭曲了马德里和华盛顿的计划。西班牙政府在 19 世纪晚期大力推进向南美洲移民，作为在该地区推广的一个更大的运动——**西班牙化**运动的一部分。从马德里当局的观点来看，对西班牙文化的依恋和对西班牙文化遗产的崇拜，将抵制美国日益增长的政治

---

1 Tomasi, *The Italian in America*, 78.
2 直到 1968 年，哥伦布日才成为美国的假日。

和经济影响力。马德里当局将哥伦布日推广为殖民地和前殖民地的西班牙节,很好地契合了这一计划,这显然与在美国大力宣传的哥伦布主导形象相冲突。那些参加了西班牙、美国这两次四百周年庆典的拉丁裔美国人,从他们自己的利益出发,解决了这些冲突。

哥伦布戴着牛仔帽护送美国富国银行(Wells Fargo)货车的形象,在得克萨斯州南部根本无法令人信服,但它确实挑战了卡诺瓦斯领导下的西班牙人所青睐的,作为文艺复兴时期修道士的哥伦布形象。为了把哥伦布塑造成一个北美人,芝加哥博览会把他改造成一个美洲人。这是由于语言的混淆,当然部分是出于故意。从美国的观点来看,把发现者变成"美洲人",相当于给他贴上"美国制造"的标签,因为美国就是美洲。[1] 就拉丁美洲人而言,他们并不能从西班牙手中挪用哥伦布,以他们的文化传统、他们对融合的看法,以及他们在世界经济中的半边缘地位,根本不可能实现这种接收:他们既没有手段,也没有意愿。因此,他们只能旁观哥伦布的美国化。但这种美国化对拉丁美洲人有不同的影响。对他们来说,西半球并不是北美人独有的财产。"美国人"的意思既不是"外国佬",也不

---

[1] 在美国占领的旧世界领土上,这个"美国人"哥伦布的形象与事迹或多或少被做了一些修改。进一步脱离语境之后,10月12日成为夏威夷和关岛的发现日。哥伦布从未踏足这两个地方,但在那里,有关哥伦布的传说有很多是跟随美国的力量而来的。

是"北方佬"——至少不一定是。一个"美洲"的哥伦布属于西半球。拉丁美洲人在两个不同的剧本中加入了自己的台词，迫使西班牙的和美国的人物都加入他们"融合"的话语中。但通过不同的定义，在整个拉丁美洲，10 月 12 日这一天要么纪念西班牙的正面影响，要么是对西班牙对其伤害的铭记，更多时候则是庆祝二者的一种融合：发现日、美洲日，或者只是拉丁人日、种族日、人民日——我们自己的节日。然而不论如何定义，这些对于种族而言却是一种建构。[1] 在圣胡安或智利圣地亚哥的拉丁人日，可以听到不为人知的梅里达或卡塔赫纳口音，而哥伦布在这些地方则戴着不同的帽子。[2]

重回 10 月 12 日

真正的哥伦布请站起来好吗？当然，问题在于这一指令本

---

[1] 在至少 12 个西班牙前殖民地，10 月 12 日是固定假日，有不同的名称，包括"美洲日"。这个主题有许多变体。巴拿马在 10 月 12 日庆祝拉丁美洲国家日，但有时它的拉丁正统性会受到质疑，因为它是由美国赞助诞生的。在古巴，以"发现新大陆"为主题的庆典被革命政府淡化了，转而提倡在 10 月 10 日庆祝独立战争的爆发。秘鲁没有把哥伦布日定为固定假日，而是在 10 月 9 日庆祝国家尊严日。在受西班牙影响不那么明显的国家，情况就大不相同了。除了美国和加拿大之外，没有哪个美洲国家会在 10 月 12 日举行庆祝活动，因为这些国家的历史上留下了西班牙前殖民竞争对手的印记。例如，特立尼达在 8 月 4 日庆祝欧洲人首次登陆，海地在 12 月 5 日庆祝自己"被发现"。

[2] 在构建种族的过程中，对历史和当下发生的事情有不少扭曲。在哥伦比亚的卡诺·莫丘埃洛（Caño Mochuelo），10 月 12 日是"印第安日"，这是众多地区性节日之一，据德·弗里德曼（De Friedemann）称，这些节日延续了对印安女人的刻板印象，并充当了"从属文化机制"。Friedemann, "The Fiesta of the Indian in Quibdó, Colombia," 293.

身，正如我们应该从围绕巴哈马登陆五百周年的一系列庆典活动的正反两方面中了解到的一样。

1992年的哥伦布登陆五百周年庆典，受益于一种物质和意识形态机制，在芝加哥博览会的时候，这简直是难以设想的。随着世界范围内"公共"本质的变化，随着通信技术的成熟，公共历史现在常常是一个披着无辜电子设备和清纯词汇的外衣却又纯粹的权力寓言。图像制作者可以在屏幕上、网页上或街道上制作比他们模仿或庆祝的原始事件更真实的各种画面、标语或仪式。商品流通、信息传播和个人旅行速度在加快，与之相对，面对面交流的重要性在降低，这些都会影响到人们想要成为的共同体类型以及他们认为自己属于的共同体类型。

怀有各种善意的专业的操纵者将这种张力及其历史因素作为跳板。一面国旗、一个纪念品、一场博物馆展览或周年纪念，都可能成为一座活生生的剧场的中心，这里既有历史气息，也有世界范围的观众。因此，以商业和政治仪式的形式生产供大众消费的历史变得越来越具有操控性，尽管专业历史学家们作为顾问参与了这些不同的冒险活动。若不出意料，随着1992年的临近，商业的、学术的和政治的掮客们，准备将五百周年庆典变成一场全球盛会。

在某种程度上，他们是成功的。西班牙政府尽其所能，用最新的技术复制了卡诺瓦斯的四百周年庆典。美国政府则设立了一个纪念委员会，并在国会图书馆举办了五百周年的系列庆典。巴黎的知识分子们动员他们的代笔作家，创作出尽可能多的以哥伦布或1492年为名的书籍。从温尼伯到加尔各答，关于哥伦布的电影，无论是欧洲的还是美国的，都可能比巴黎的电影或美国学术期刊上发表的过量文章更能吸引更多的观众。关于巴哈马登陆的各种电视节目，至少在三个大洲都可以观看。

然而，尽管有这些不同寻常的历史生产方式，与19世纪90年代的庆祝活动相比，五百周年的庆典是一场失败。公众的性质、联系集体的纽带，以及电子通信的速度和权重的转变，产生了矛盾的结果。虽然各地的群众越来越容易成为宣传的对象，但持不同政见的少数派们提出的反驳意见也触及了更广泛的受众。今天的公众越来越国际化，也越来越碎片化。

这种碎片化是双向的。1991年至1992年，许多美国广告商准备从新的拉美裔市场收割五百周年庆典的红利。他们计划用各种哥伦布图案装饰一个从咖啡、薯片到运动衬衫和香烟的商品包。他们以纪念华盛顿诞辰的床垫的销售模式为模板，设计了一系列活动，用哥伦布的形象来销售汽车和家具。但几周后，一些拉美裔的活动人士发起了声势浩大的运动，抗议这种试图打开拉美裔市场的纪念活动。由于哥伦布在说西班牙语的人群中不受欢迎，大发现被重新定义为征服，许多广告商放弃了他们在拉美世界的五百周年庆典活动。

回顾过去，五百周年庆典最引人注目的特征，是世界各地表达不满的声音。出于各种不同原因以及在不同程度上，美国原住民、黑人、拉丁裔、加勒比裔、非洲裔以及亚洲裔美国人的领袖们谴责了这场对征服的庆祝，或试图改变对大发现的叙事导向。这种抗议和附加的影响各不相同，但各地的庆祝者们都必须考虑到这一点。西班牙的经济和政治巨头们采取了一项大胆举措，首次为1492年对犹太人的迫害道歉，并呼吁西班牙语世界加入这场盛会。一些犹太裔美国人的团体高兴地加入了哥伦布五百周年庆典的行列，但是美国和其他地方更多民众无声的异议清晰地驳斥了宣传者嘴里所说的1492年发生的事件，和那些支持者们宣传得一样清晰。

由于声音和视角的多样化，1992年庆典的推动者们甚至无法使庆典接近1892年马德里庆典和1893年芝加哥庆典的相对顺利程度。正如我们所见，马德里和芝加哥都有各自的现在。但是马德里和芝加哥都可以通过包装一个似乎确切并给定的过去来谈论现在：1492年10月12日，克里斯托弗·哥伦布发现了新大陆。到1992年，这种过去就不那么清晰了。尽管只是一些重现，但实际上，发生在1492年10月12日的事，在很大程度上与对五百周年庆典的辩论无关，当然也不是研究或争论的核心。大多数辩论者和观察者，以及相当多的庆典参与者都认为，这一天的意义源于它之后发生的事情。

但之后发生的，不再是一个简单的故事。在我们和哥伦布之间，有数以百万计的男人和女人，在哥伦布之后，要么自愿要么被迫地横渡了大西洋，以及其他数以百万计的人，目睹了这些人从大洋一边跨越到另一边。反过来，他们对所发生的事情给出了自己的看法，他们的后来者继续用各自的言行修改了剧本。这些跨越时代和大陆的叙事，不断地取代巴哈马登陆，在每个时代呈现它自己的样貌。因此，虽然哥伦布的登陆使我们所知道的世界历史成为可能，但后哥伦布时期的历史则继续定义了描述那次登陆的各种术语。直到19世纪90年代，后哥伦布时期的历史使芝加哥的叙事模式成为可能，但我们这个时代的历史使芝加哥模式不可能重演。发生了什么和据说发生了什么不可避免地融合了历史真实性的两面。

19世纪无人认领的"美洲土著"（Native American）这个标签，是否纠正了一个历史性的错误？在一定程度上，它避免了与南亚人的混淆（"印第安"与"印度"），并恢复了印第安人在年代上的优先地位，使其成为唯一能够声称是西半球土著的民族。如今，土著的活动人士们，而不是人类学家，以原先"印第安人"的名义行动。但是，用卡斯蒂利亚人强加的名字来交换韦斯普奇留下的遗产，肯定不意味着从头再来。虽然自我命名可能意味着愿意以主体的身份进入历史，但从中选择名称和主体性的具体语库内容并不是不可估量的。从亚利桑那州到亚马孙河流域的"美洲土著",都以这个名字下的集体身份认同来否认哥伦布登陆的五百周年庆典,这本身就是后哥伦布时代的发展。

但主张以哥伦布为始祖的欧裔美国人,其集体身份认同也是如此。因此,在西班牙或意大利的五百周年纪念中,民族意识为庆典增添了色彩。所有行动者和叙述者都无法脱离历史去书写或改写历史。与芝加哥、马德里或巴黎相比,在亚利桑那和贝伦,有些含糊不清的地方更加明显,这更多的与对历史生产手段的不平等控制有关,而非与一群特定叙述者的内在客观性有关。这并不是说历史从来就不诚实,而是说历史总是令人困惑的,因为它是融合而成的。

如果历史如同我想象的那样混乱,那么"真正的"哥伦布也无法对他所创造的事件有最终的解读——肯定不会是在这些事件发生的时候。出生时是热那亚人,训练时成为地中海人,必要时变成卡斯蒂利亚人,还有那些比登陆更琐碎的事情,克里斯托瓦尔·科隆[1]都没有一个必然是什么的定论。他多次自相矛盾,就像其他历史行动者一样,有时甚至比他们大多数还要矛盾。他留下空白,有些是刻意的,有些是因为他不知道更多事情,还有一些是因为他不可能以其他方式行事。在哥伦布的

---

1 即哥伦布。应该是哥伦布的西班牙语名字。——译者注

航行日志中，有一处关于 1492 年 10 月 11 日星期四第一次看到陆地的描述。哥伦布这天写的日志暗示了紧张的夜晚，接下来的漫漫长夜，他在凌晨两点第一次看到陆地。"午夜过后两小时，陆地出现了，距离大约有两里格。他们拉下了帆……一直到星期五的早晨。"他们抵达了一个小岛，下了船。[1]

日志中没有明确的里程碑式的事件。[2] 那是一个混乱的夜晚——不是星期四，但还不完全是星期五。无论如何，1492 年 10 月 12 日，星期五，在哥伦布的日记里，这一天并没有被列为一个单独的条目。

---

1   Christopher Columbus, *The Diario of Christopher Columbus's First Voyage to America, 1492—1493*, Norman: University of Oklahoma Press, 1989, 63.
2   Columbus, *The Diario*; Columbus, *The Voyage of Christopher Columbus*, ed. John Cummins, London: Weindenfeld and Nicholson, 1992, 93.

第五章

过去中的在场

他们来到这里比哥伦布要早很久。由于种种我们只能猜测的原因,他们停留在这片干旱的土地上,那里唯一的水源来自大自然在石灰岩上凿出的巨大天坑。在奇琴省,他们在两口井之间建造了自己的庙宇。他们精通天象,站在这个高度观察天空,发现了欧洲人几乎猜不到的数学秘密。他们是经验丰富、身经百战的勇士。最引人注目的是,他们是虔诚的。他们为自己留了一口井,将另一口更深、水更清澈的井奉献给他们的众神。

我知道所有这些故事。在来玛雅之前,我已经做足了功课。现在,我想要真实的东西。四处搜寻着,我的目光落在这口井中20多米深的石灰岩岩壁上。这里是祭台,奇琴伊察的圣井。

依然清澈的绿色井水,没有映照出任何战争和谋杀,冰冷的水面没有一丝血痕。到处都是一片片枯叶，从井口外的空中掉落下来，在这片天坑上空的地面留下一片深绿色。但是水面上没有动静。这里的过去，被一层青翠的沉默外衣所掩盖。

我紧张地咳嗽着，用双筒望远镜扫视着水面。我在寻找证据。我渴望看到一具尸体、一个骷髅头、一些骨头、任何可怕的历史痕迹。但在这大地的腹部中，我只能听到自己咳嗽的回声。

然而，历史一定在那里存在着。在水下，数以百计的尸体融入地下——女人、男人和孩子，其中许多人被活生生地丢下去，献给了那些现在已被遗忘的神祇，其原因比这个井底还要阴暗。关于这些牺牲的故事，至少跨越了10个世纪。各种各样的拾荒者——殖民者、外交官、战士和考古学家们——已经发现了这些叙事背后的证据。不过，我还是很失望：这里除了一种休眠的绿色液体外，没有什么可触摸到的，也没什么可看到的。

我沿着古道折回到中央金字塔。至少，这里看起来是具体的，我还没有到达这趟旅程的尽头。在那里，就像在井里一样，历史需要身体的奉献。我付出了我的汗水，才换来了这次真诚的相遇。我坚忍地爬上楼梯，一共354级台阶，冒险走进废墟。在里面，我长久地用手指抚摸着墙壁，探索着悬而未决的谜题，渴望将它们破解。但是，尽管我被这座宏伟的建筑所触动，我却从未感到我是在触摸历史。我爬下金字塔，小心翼翼地不去看那片空白，责怪自己没能与过去如此亲密地交流。

后来我又去了国外很多地方，使我对去奇琴伊察的旅行有了更深的了解。历史是鲜活的，我曾在别处听到过它的声音。从鲁昂到圣达菲，从曼谷到里斯本，突然间，我触碰到了那些真实的鬼魂，我融入了遥远时空的人们中间。距离不是障碍。吸引我参与其中的历史，不需要是我亲身经历的历史。它只需要和某些人，任何一个人联系起来。这不可能只是过去。它必定是某人的过去。

在我的第一次尤卡坦半岛之旅中，我没能见到那些曾经生活在奇琴伊察的民族，他们的过去就是奇琴伊察。我无法让一个从卡拉科尔观测天空的数学家复活，无法救活一个被推到绿色的水井中献祭的牺牲。我甚至不知道如何把今天的玛雅人和金字塔的建筑师们联系起来。毫无疑问，这是我的错，我缺乏想象力，或缺乏学识。无论如何，我已经错过了与现在的重要联系。我曾经尊重过去，但过去并不就是历史。

迪士尼乐园中的奴隶制

当迪士尼宣布将在弗吉尼亚州北部建造一个新游乐园的计划的同时,这家巨型跨国公司关于欧洲迪士尼乐园的争议还没有平息。迪士尼已经意识到了自然风光主题和历史人文主题的旅游是这个行业发展最快的分支,因此强调了这个公园的历史主题。美国的黑人奴隶制就是其中之一。

各种抗议活动立刻就爆发了。黑人活动人士指责迪士尼把奴隶制变成了一个旅游噱头。其他人则认为,白种人的企业在这个问题上没有发言权。另一些人则怀疑这个问题是否应该被提出。迪士尼的首席形象设计师试图安抚公众:活动人士不必担心,我们保证展览将会是"令人痛苦、不安和悲伤的"。

《苏菲的选择》和《纳特·特纳的自白》两部畅销书的作者威廉·斯泰伦是一位受欢迎的小说家,他在《纽约时报》撰文谴责迪士尼的计划。[1] 斯泰伦的祖母曾经拥有奴隶,因此他断言迪士尼只能"嘲弄像奴隶制这样重要的主题",因为"奴隶制不能在展品中表现"。无论展示的图像和使用的技术手段是什么,这些残忍和压迫的产物"都将是具有欺骗性的",因为他们本质上就无法"定义如此惊人的体验"。许多白人的道德

---

[1] William Styron, "Slavery's Pain, Disney's Gain," *The New York Times*, 4 August 1994.

困境，以及尤其是黑人的痛苦，将从展览中消失，不是因为这些经历无法被展示，而是因为展示会引发廉价的浪漫主义。斯泰伦总结道："在弗吉尼亚的迪士尼乐园，奴隶的经历会让游客在离开这个可能已经死亡，但还没有真正安息的世界之前，感到一阵恐怖的战栗，然后自以为是、自我开脱地走开。"

当我第一次读到这些字句时，我真希望能有一个真正的历史学家来写下它们。后来我突然想到，很少有历史学家会这样做。事实上，我的第二个想法是关于另一个小说家写的另一部小说。

豪尔赫·路易斯·博尔赫斯（Jorge Luis Borges）的一个故事在关于真实性的辩论中经常被提到。他想象一位20世纪30年代的法国小说家写了一本小说，与《堂吉诃德》的一些章节用词完全一样。博尔赫斯坚持说：皮埃尔·梅纳尔（Pierre Ménard）没有模仿堂吉诃德，也没有试图成为米格尔·德·塞万提斯。他拒绝了轻易就可以模仿的塞万提斯的生平和风格的诱惑。他写了许多草稿才完成他的壮举，在草稿结束时，他的文本和塞万提斯的文本是一样的。[1] 那么，第二部小说是赝品吗？它真的是一部"第二部"小说吗？梅纳尔的作品和塞万提

1　Jorge Luis Borges, "Pierre Ménard, Author of Don Quixote," in *The Overwrought Urn*, ed. C. Kaplan, New York: Pegasus, 1969 (original Spanish 1938). On Ménard's novel as performance, see A. J. Cascardi, "Remembering," *Review of Metaphysics* 38 (1984): 275–302.

斯的作品有什么关系？

迪士尼公司放弃了弗吉尼亚乐园的计划，与其说是因为关于奴隶制的争论，不如说是为了应对其他方面的压力。[1] 尽管如此，建造这个游乐园的计划可以被解释为对博尔赫斯的戏仿作品的戏仿。实际上，相互对照来看，跨国公司和博尔赫斯笔下这位作家各自的作品，为历史生产的第四个时刻——具有追溯意义的时刻——提供了一个犀利的教训。[2]

无论是在迪士尼乐园的案例中，还是在那本书中，经验的准确性都不是主要问题。迪士尼可以为它计划的展览收集所有相关的事实，就像梅纳尔最终书稿中的单词和塞万提斯《堂吉诃德》中的文字完全一样。事实上，迪士尼公司曾大肆吹嘘，它花钱聘请历史学家作为顾问——可以说，这证明了它高度重视经验的准确性。错误的无限可能仍然存在，但是，在其他条

---

[1] 许多历史学家和内战爱好者反对这个计划，因为他们认为计划筹建的弗吉尼亚乐园会遮住重要的战争遗址。继而，环保主义者也对拥挤和交通堵塞提出了抗议。在这两个案例中，最强烈的反对意见更多地集中在拟议的地点，而不是项目的内在价值。迪士尼公司用同样的语气声明，公司将寻找一个"不那么有争议"的地点。一些分析人士认为，这一声明是迪士尼完全放弃该项目的一种优雅方式。*The Wall Street Journal*, 29 September 1994, 3; *The New York Times*, 29 September 1994; 30 September 1994.

[2] 我并不认为梅纳尔或博尔赫斯本人支持或表达了一种连贯的历史哲学。我甚至不认为博尔赫斯的主题是历史。显然，我在我自己的框架内拙劣地模仿了他们。然而，让我感到满意的是，这种模仿是合理的。关于皮埃尔·梅纳尔的延伸讨论，参见 Raphaël Latouche, *Borges ou l'hypothèse de l'auteur*, Paris: Balland, 1989, 尤其是 pt. III, "L'oeuvre invisible. Pierre Ménard auteur du Quichotte," 170–210。Emilio Carilla, *Jorge Luis Borges autor de 'Pierre Ménard' (y otros estudios borgesianos)*, pt. 1, Bogota: Instituto Caro y Cuervo, 1989, 20–92. 对于梅纳尔《堂吉诃德》的相关理论使用，参见 Cascardi, "Remembering," 291–293。关于梅纳尔和文本的历史，参见 Jean-Marie Schaeffer, *Qu'est-ce qu'un genre littéraire?* Paris: du Seuil, 1989, 131–154。

件相同的情况下，你可以想象一个迪士尼版的美国，在经验问题上就像一般的历史书一样可靠。深知这一点的斯泰伦曾写过一部关于奴隶制的有争议的小说。他表达了对经验问题的关注，但他的重点在别处。斯泰伦甚至承认（尽管并不情愿），迪士尼可以复制时代的情绪。现代的成像仪器有足够的手段展现虚拟现实。然而，斯泰伦仍然义愤填膺，正是这种义愤帮助他从之前的反对意见中得出了一个结论，这一结论一直伴随着游客，直到他们离开。

解构主义最著名的一句论述，可能是雅克·德里达的那句话："没有任何事物能存在于文本之外。"文本之外无生命，我们能在多大程度上把这话的字面意思当真？当然，我们可能决定不离开游乐园。我们可以辩称，如果迪士尼的形象设计师们创造了奴隶制的虚拟现实，付费游客就会被投射到历史中。而这种投射是不是暂时的甚至是短浅的表象，就无关紧要了。同样，我们可能会告诉博尔赫斯，真实性的问题无关紧要，而且那两本小说是一样的，不管这种措辞有多尴尬。然而，如果这样的答案并不令人满意，那么我们需要走出文本，寻找迪士尼背后的生活。我认为，从文本中脱身也能让我们摆脱事实的暴政。认识到历史生产本身就是历史的，是摆脱由实证的经验主义和极端的形式主义引起的错误困境的唯一途径。

在斯泰伦反对意见的潜台词中，有一个基本前提：迪士尼的主要受众是美国中产阶级白人。这个公园就是为他们建造的，哪怕仅仅是因为他们的总购买力使他们成为这些历史展览的主要消费者。他们是最有可能陷入迪士尼虚拟现实的虚假痛苦之中的人。斯泰伦没有明说这个前提，只是用影射来表达。也许他想避免被指责屈服于"政治正确"。也许他想避免提及白人集体愧疚的问题。在我看来非常正确的是，他谨慎地提出，这次展览将歪曲黑人和白人两方的经历。

如果不考虑其生产环境和消费环境，就无法讨论历史生产的价值。[1]这种见解出自一位受欢迎的小说家之手，发表于面向大众的日报，也许并非偶然。无论如何，很少有学院派历史学家会如此表述这个问题。对学院派历史学家来说，他们受到的训练是忽视斯泰伦或《纽约时报》无法忽视的行动者——公众。公众的本质是斯泰伦的反对意见的核心。

用这种方式来表述论点，是将历史立即重新引入，或者更好的是，拒绝脱离它，以获得文本的纯粹或过去的永恒安全。斯泰伦拒绝将美国奴隶的历史与美国内战后的历史区分开来。对于联邦骑兵入侵他祖母种植园以后的历史、前奴隶们的命运、吉姆·克劳法（Jim Crow laws）和三K党的命运，以及黑人的文盲问题，他只写了几行字。他几乎是顺便补充说，这个后奴

---

[1] 从对博尔赫斯作品的阅读中得出类似于文学作品的文本结论，参见：Schaeffer, *Qu'est-ce qu'un genre littéraire?*.

隶制时期实际上一直萦绕在他心里。

从奴隶制度的消亡到弗吉尼亚乐园的规划,这段时间塑造了迪士尼对奴隶制度的诠释。这里的时间不仅仅是年代的延续性。它是连接事件和叙事之间历史关系的一系列脱节的时刻、实践和符号。博尔赫斯笔下的梅纳尔用更简单的语言阐述了这个复杂的观点:"过去的 300 年并非毫无意义,毕竟在这些时代发生了诸多最复杂的事情。在这些事情中,我只提一件,就是那本与《堂吉诃德》一样的书。"[1] 我们可以进一步戏仿:一个世纪以来,美国发生了诸多复杂事件,但奴隶制仍然是一个问题,这并非无关紧要。美国的奴隶制已经正式结束,但仍以许多复杂的形式继续存在——最著名的是制度化的种族主义和文化上对黑人的诋毁——这使得奴隶制在美国的表现尤其沉重。在这里,奴隶制是一个幽灵,既是过去的,又是活生生的;而历史再现的问题是如何再现那个幽灵,一个既存在又不存在的东西。

因此,我不同意斯泰伦的观点,他认为华盛顿的大屠杀博物馆很有启发性,弗吉尼亚的奴隶制展览却很不道德,因为这两种现象在规模或复杂性上存在一些固有的差异。这个论点建立在一个假设之上,即过去是固定不变的。但是,历史苦难的

1　Borges, "Pierre Ménard," 23.

成本核算，只有当它作为对过去投射的一种表现时才有意义。这种在场（"现在看着我"）和它的投射（"我曾受苦"）共同作用，在不断变化的现实中成为索赔和收益的新展品。许多欧洲犹太人谴责奥斯维辛集中营或波兰、德国、法国、苏联等其他地方的模拟展示项目，他们使用的道德论据被斯泰伦用来反对今天弗吉尼亚迪士尼乐园中的模拟种植园。

对犹太人的种族灭绝的展览，在波兰比在弗吉尼亚有更大的不道德吗？华盛顿的大屠杀博物馆具有启发性的价值，可能与美国犹太人的现状以及奥斯维辛集中营内外真实的遗体都同样有关系。事实上，许多大屠杀幸存者并不确定，这样一个博物馆是否会对理解奥斯维辛集中营本身有所启发。问题的关键在于此时此地，即所描述的事件与它们在特定历史语境下的公共表现之间的关系。

这些关系破除了将过去的神话视为一个固定的现实，以及由此认为知识具有固定内容的迷思。它们也迫使我们去审视这种知识的目的。在美国，表现奴隶制的旅游噱头之所以可怕，不是因为游客会了解错误的事实，而是因为通过旅游再现的事实会在他们中间引发错误的反应。显然，"错误的"这个词在这里有不同的含义。在历史真实性1中，它表示不准确。在历史真实性2中，它暗示了不道德或至少是不真诚的行为。

卡斯卡迪（Cascardi）认为，"真实性不是知识的一种类型或程度，而是与已知事物的一种关系"。[1] 他说，"已知的"必须包括现在，这似乎是不言而喻的，但可能不那么明显的是，历史的真实性并不在于当它重新呈现过去的时候对所谓过去的忠实，而在于对现在的诚实。当我们想象着迪士尼的计划，设想着一队白人游客在嚼着口香糖和油腻的食物，买着电视广告承诺的"痛苦、不安和焦虑"的门票时，我们并没有回到过去。我们不应该要求这些游客忠于过去：他们对奴隶制没有责任。在那个形象中，不道德的不是与过去的关系，而是当那种关系发生于我们生活的现在时产生的不诚实。奴隶制的庸常化，以及它所造成的痛苦，在这一现实中是固有的，其中包括种族主义和奴隶制的表征。具有讽刺意味的是，如果有一名三K党的成员来访，积极宣传种族不平等，那么他的访问则更有可能是真实的。至少，它不会造成奴隶制的庸常化。

人们可以理解为什么许多专业历史学家都保持沉默。从当下的角度谴责奴隶制是很容易的。我们大多数人都会同意奴隶制是不好的。但是，顾名思义，当下意味着时代错误。只谴责奴隶制是一条简单的出路，就像皮埃尔·梅纳尔第一次尝试成为塞万提斯一样微不足道。要想恢复真实性，相对于奴隶制，更多需要谴责的是当下的种族主义，因为奴隶制的表现由此被

---

[1] Cascardi, "Remembering," 289.

生产出来。道德上的不一致源于历史真实性的两方面令人不安的重叠。

毫不奇怪,各类幸存者比历史学家更有可能谴责这种庸常化。因此,维达尔-纳凯警告我们,即使经验上是正确的,但如果大屠杀的叙事失去了与现在活生生的现实的关系,犹太人或者非犹太人都将遭受道德上的失败,大屠杀的幸存者将再次在象征意义上被推入集中营。皮埃尔·威尔(Pierre Weill)用不同的措辞表示赞同:纪念苏联军队解放奥斯维辛集中营五十周年的讲话和横幅毫无意义。这些庆祝活动是西方各国的官方为纪念一个不可能实现的周年而进行的徒劳努力。

正如维达尔-纳凯知晓的那样,幸存者们会自身背负着历史,将其传承下去。事实上,美国奴隶制度和欧洲大屠杀的一个关键区别在于,在今天的美国,没有一个曾经的奴隶还活着。这种具身化,一种自我承载的历史关系,对于维达尔-纳凯区分历史和记忆是至关重要的。因此,维达尔-纳凯担心,一旦他这代人走了之后,大屠杀的再现就会受到影响。但我们应该小心,不要过分区分不同种类的幸存者。事实上,威尔拒绝这样做:每一个犹太人,只要还活着,无论年龄大小,仍然是奥斯维辛集中营的幸存者,他就不能庆祝奥斯维辛集中营的解放。[1]

---

1 Pierre Vidal-Naquet, *Les Assassins de la mémoire: "un Eichmann de papier" et autres essais sur le révisionnisme*, Paris: La Découverte, 1987; Pierre Weill, "L'anniversaire impossible," *Le Nouvel*

我们又回到了这个现在，我们以为可以在最后一个人死后从中逃离。[1] 幸存者、行动者和其他叙述者正是从这个当下开始问我们：这都是为了什么？历史的意义也在其目的之中。在特定语境中所定义和验证的经验正确性，对于历史生产是必要的。但仅凭经验的正确性是不够的。无论是书籍、商业展览还是公共纪念活动，历史的再现都必须与这些知识传递的载体建立某种联系后才可以被接受。除此以外，任何关系都不行。真实性是必须的，以免这种再现变成一种虚假的、道德上令人厌恶的景观。

说到真实性，我并不是说它仅仅是一种模拟物，一艘哥伦布的多桅三角帆船的翻版，一场周年纪念上的模拟战斗，或者是一个奴隶种植园的精确模型。我的意思也不是投身于过去。如果我们不像梅纳尔第一次尝试过的那样成为米格尔·德·塞万提斯，我们还能走多远？可以肯定的是，前几代人受到的不公正待遇应该得到纠正：它们会影响受害者的后代。但对过去的关注常常使我们转移对当前不公正的注意力，过去几代人则只为这些不公正奠定了基础。

Observateur 1579, 9–15 February 1995, 51. 维达尔-纳凯的立场和我的立场之间的分歧主要是——但不仅仅是——术语上的。他把"记忆"称为与过去的鲜活关系，部分原因是他相信科学史毫无疑问是建立在19世纪的科学模式基础上的。无论是自然科学家还是专业历史学家进行的系统历史调查，这些模式我都明确反对。有鉴于此，威尔的陈述不应被视为一个没能很好适应法国社会结构的犹太人的个人抱怨，他是强大的索福瑞集团（Sofres group）的总裁。

1　Francis Fukuyama, *The End of History and the Last Man*, New York: The Free Press, 1992.

从这个角度看，一些白人自由主义者对美国"奴隶的过去"或欧洲"殖民的过去"的集体愧疚可能是错位的，也是不真实的。作为对当前指控的回应，这是错位的，因为这些人不对他们选择的祖先的行为负责。作为一种自我强加的伤害，它是舒适的，因为它保护他们免受现在的种族主义的伤害。

事实上，我们今天没有任何一个人，能像我们正确对待持续存在的歧视行为一样正确对待美国黑人奴隶制——无论是支持还是反对奴隶制。同样，今天在旧世界或拉丁美洲的人们，对他们没有经历过的殖民主义，无法说是对的还是错的。我们对奴隶制或殖民主义的了解，能够而且确实应该增加我们在跨越种族和国家边界反对歧视和压迫的斗争中的热情。但无论对大屠杀的历史研究有多少，德国对过去的愧疚有多少，都无法替代今天在街上游行反对德国光头党的行动。幸运的是，不少著名的德国历史学家对此有深刻的理解。

真实性意味着一种与已知事物的关系，这种关系重复了历史真实性的两个方面：它让我们既是行动者又是叙述者。因此，真实性不能存在于通过叙事使离散的过去保持鲜活的态度中。我们无论是援引、主张，还是拒绝接受过去，只有在我们作为目击者、行动者和评论员参与的当前的实践中才能获得真实性，包括历史论证的各种实践。这些实践的基础是由我们的前辈们以其各自权力的附加值建立的，这是人类历史真实性的一种内在影响：我们中没有人是从一张白纸开始的。但人类历史真实性也要求权力和统治的实践得到更新。即使以我们过去的名义，我们也最应该关心这种更新。所谓的过去的恐怖遗产——奴隶制、殖民主义或大屠杀——只有在这种更新之后才有可能。而这种更新只会发生在当下。因此，即使与过去有关，我们的真实性也存在于我们当下的斗争中。只有在当下，我们自己选择承认的过去才可能是正确或错误的。

如果真实性属于当下，学院派历史学家们以及相当多的哲学家可能会让自己迷失在一个角落。协会的传统被实证主义的历史哲学所强化，禁止学院派历史学家们将自己定位于当下。对事实的盲目崇拜，以一种过时的自然科学模型为基础，仍然主导着历史和其他社会科学。这种盲目崇拜强化了这样一种观点，即任何有意识的定位都应被视为意识形态的，从而加以拒绝。因此，历史学家的立场并无正式标记：那是非历史的观察者的立场。

这种立场的影响可能相当具有讽刺意味。由于历史争议常常围绕着相关性展开——至少在一定程度上是围绕着观察者的定位展开的——因此，学院派历史学家们倾向于尽可能远离那些最能打动当今公众的历史争议。在美国，少数历史学家参与了20世纪90年代初制造新闻的历史辩论：所谓的犹太人作为奴隶主的角色、大屠杀、阿拉莫、关于美国西部和广岛的史密森尼展览，或弗吉尼亚迪士尼乐园项目。[1] 但更多资深历史学家在类似的问题上对公众保持了沉默。这种沉默甚至延伸到关于国家历史标准的辩论，学者们似乎已经把这些标准抛给了权威人士和政客们。

可以肯定的是，与法国或德国的情况相比，美国学界和公众话语之间的距离是极其明显的。[2] 美国学者们已经在很大程度上抛弃了公共知识分子的角色，将其拱手让与权威人士和艺人们。但美国的这种极端情形告诉我们，这种情况由来已久且一直持续。美国历史学家这种不参与行为的核心原因，是该协会对昔日之事根深蒂固的传统依附。

专业历史学家很好地利用了对过去的创造，形成一个独特的实体，这一创造与他们自己实践的增长是平行的。[3] 这种做法反过来又加强了使被创造出来的过去成为可能的信念。历史学家们对过去的世界论述得越多，过去就越成为一个独立的世界。但随着我们这个时代的各种危机冲击着那些被认为长期存在或沉默的身份认同，我们更接近于这样一个时代：专业历史学家

---

1 大卫·麦卡洛（David McCullough）、詹姆斯·麦克弗森（James McPherson）和大卫·布莱恩·戴维斯（David Brian Davis）等历史学家曾在公共论坛或报纸上向广大观众讲述这些争议。

2 在法国，行业协会的主要成员定期在报纸或周刊上发表自己的意见。弗朗索瓦·孚雷（François Furet）或埃马纽埃尔·勒华拉杜里（Emmanuel Leroy Ladurie）不会因为在《新观察家》（Le Nouvel Observatoreur）或《世界报》（Le Monde）上发表文章而受到处罚。德国历史上一些最著名的人物在报纸和周刊上就大屠杀的独特性展开了历史辩论。公开辩论本身则是由哲学家、社会学家尤尔根·哈贝马斯（Jürgen Habermas）发起的。

3 Jacques Le Goff, *History and Memory*, New York: Columbia University Press, 1992.

们必须更清楚地定位自己在当下的位置，以免政客、大亨或种族领袖们各自书写他们自己的历史。

这些立场无须固定，它们也不应意味着意识形态对经验证据的操纵。从20世纪上半叶厚今薄古的当下主义者，到20世纪70年代的左翼人士，这些以经世致用为取向的历史学者，主张历史演变是目的论的，他们从不认可这种对经验证据的操纵。[1] 然而，这些倡导者中的大多数都假设了那种可能性，即存在着一种明确的叙事模式或者一种毋庸置疑的现实。在不同程度的确定性下，他们设想，关于过去的各种叙事可以通过极其清晰的方式，暴露出牢固扎根于当下的立场。我们现在知道，叙事是由沉默构成的，并非所有的沉默都是经过深思熟虑的，也不都是在产生的时候就可以被察觉到的。我们也知道，当下本身并不比过去更清楚。

这些发现中没有一个是不带目的性的。它们当然不会导致放弃寻找和捍卫那些将知识分子与纯粹学者区分开来的价值观。[2] 为了证明一种合法的辩护，立场不必是永恒的。忽略这一点就是回避人类历史真实性。任何对永恒的追求都迫使我们在

---

[1] 20世纪70年代，一些专业历史学家，如让·谢诺和保罗·汤普森（Paul Thompson）提出了一个充满激情的案例，要求历史学家明确地将自己定位于他们的当下。参见Jean Chesneaux, *Du passé faisons table rase*, Paris: Maspero, 1976; Paul Thompson, *The Voice of The Past: Oral History*, Oxford, New York: Oxford University Press, 1978。

[2] 参见Tzvetan Todorov, *Les Morales de l'histoire*, Paris: Bernard Grasset, 1991, chaps. 7 and 8, 论学者与知识分子的伦理差异。

虚构与实证主义真理、虚无主义与原理主义之间做出不可能的选择，而它们是同一枚硬币的两面。随着我们进入千禧年，仅凭信仰去寻求救赎的诱惑将越来越大，因为现在看来，大多数做法都已经失败了。

但我们可能想保持清醒，行动和言语并不像我们通常认为的那样容易分辨。历史不仅仅属于它的那些专业的或是业余的叙述者。当我们中的一些人在争论历史是什么或曾经是什么的时候，另一些人却一直把它掌握在自己手中。

后 记

　　我在寻找哥伦布，但我知道他不会在那里。在海岸旁边，太子港把它的伤痕暴露在阳光下；哈里·杜鲁门大道曾经是海地最美丽的街道，现在成了坑坑洼洼的拼凑物。

　　这条林荫大道是为了纪念太子港建城两百周年而修建的，从北大西洋公约组织成立到朝鲜战争爆发这段时间，杜鲁门一直在资助太子港的建设。这条大道曾经是庆典活动的中心，现在，它看起来就像一处战场，没有任何关于庆典活动的记忆。为那一场活动竖立的雕像只剩下几尊了。在两届杜瓦利埃总统的统治后，它的喷泉已经干涸了。大道两边的棕榈树像海地一样，都枯萎了。

　　我把车开到法国研究所（French Institute）前面，这是一座生动的纪念碑，展示了法国文化对海地精英的影响，由此也可以通往美国大使馆，那是另一个不同秩序的权力中心。在堆积如山的沙袋上方,一名戴着头盔的黑人士兵无所事事地看着一群半裸的男孩,他们正在昨天下雨留下的水坑里嬉戏。这名士兵很可能是与帮助让-贝特朗·阿里斯蒂德总统在1994年重新掌权的占领军一起来的。我一直在寻找的故事可以追溯到9年前。我开车离开了这里。

我把车停在离大使馆足够远的地方以保证安全,开始在林荫大道上慢慢散步。在邮局周围的一些建筑物上,混杂无章的涂鸦有要求美军留驻的,也有要求其撤离的。我看见一尊雕像躺在街对面的篱笆后面。旁边站着一位流浪艺术家,售卖他的画作和工艺品。我向他打过招呼,询问他是否知道克里斯托弗·哥伦布的雕像在哪里。

我对那座雕像有模糊的记忆。我只依稀从少年时闲逛的记忆中找到它的存在。我能想起的少数几个画面来自格雷厄姆·格林的《喜剧演员》。在哥伦布雕像的注视下,饰演故事中的英雄们的理查德·伯顿 (Richard Burton) 和伊丽莎白·泰勒 (Elizabeth Taylor),后来使影片里不合法的爱情变成了现实。但草地上的半身像不是哥伦布。画家证实了我的怀疑。"不,"他说,"这是查理曼·佩拉尔特的雕像。"

在20世纪20年代,美国首次占领海地时,佩拉尔特是国民军的领导人。从海军陆战队把他钉死在十字架上的照片中,我知道他是一个又瘦又黑的人。但草地上的半身像雕刻的明显是一个白种男人,相当结实。"你确定这是佩拉尔特吗?"我又问了一遍。"当然是佩拉尔特。"画家回答道。我走近一点,读着上面的文字。这座雕像是哈里·杜鲁门的半身像。

"哥伦布的雕像在哪儿?"我问。

"我不知道,我不是太子港人,"那人回答道,"也许是曾经靠近海边的那座。"

我走到他指的地方,没有发现任何雕像。基座还在,但雕像本身不见了。有人在水泥上刻了字:"查理曼·佩拉尔特广场"。杜鲁门被认作了佩拉尔特,佩拉尔特则取代了哥伦布。

我又在那里站了半个小时,问路过的每一个人是否知道哥伦布雕像发生了什么事。我知道这个故事,哥伦布的雕像失踪时,我就在太子港。我只是想确认一下,这是一场测试,关于公众记忆如何运作,以及历史如何在这个大西洋彼岸识字率最低的国家形成。

在我几乎要放弃的时候,一个年轻人为我讲述了我在1986年第一次听到的那些事情。那一年,在让-克洛德·杜瓦利埃(Jean-Claude Duvalier)独裁政权垮台时,海地首都最悲惨的人们走上街头。他们把愤怒发泄到每一座被认为与独裁政权有关的纪念碑上。许多雕像被打碎了,其他的则只是被从基座上移走。这就是为什么杜鲁门发现自己躺在草地上。

哥伦布的雕像则有不同的命运,我还不知道究竟出于哪些原因。也许不识字的示威者们把他的名字和殖民主义联系在了一起。这个错误，如果有的话，是可以理解的："kolon"这个词在海地语中的意思是哥伦布，也指殖民主义者。也许示威者们把他和他所来自的海洋联系在了一起。无论如何，当附近贫民窟地区愤怒的人群沿着哈里·杜鲁门大道游行时，他们把哥伦布的雕像从基座上取下来，扔进了大海。

索　引

（索引页码为原书页码，即本书边码）

actors: 行动者：

  and narrators, 和叙述者 2, 22–24, 140, 146, 149, 150–151;

  perspective of, 行动者的视角 47, 48, 59, 110–112, 113, 116, 118.

  See also historicity 亦可参见"历史性"

Adams, Henry, 亨利·亚当斯 98, 105, 128

Afrocentrism, 非洲中心论，非洲中心主义 36

agents: defined, 能动者：定义的 23

Alamo, 阿拉莫 1–2, 9–11, 19, 20, 21, 151

American Revolution, 美国革命 38, 78, 88

Appadurai, Arjun, 阿尔让·阿帕杜莱 8, 52

archival power, 档案权力 / 档案力量 27, 55–57, 99, 103, 105, 116

archives, 档案 45, 56, 103, 105;

  creation of, 的创造 26–27, 45, 48, 51–53;

  defined, 被定义的 48, 52–53;

  uses of, 的使用 56, 58.

See also archival power 亦可参见"档案权力"

Ardouin, Beaubrun, 博布伦·阿都因 67–69, 105

Auguste, Claude B., 克劳德·B. 奥古斯特 67

Auguste, Marcel B., 马塞尔·B. 奥古斯特 67

Auschwitz, 奥斯维辛集中营 12, 97, 147, 149

authenticity, 真实性 145, 148–151

banalization, 庸常化 83, 95–97, 102–104.
See also trivialization 亦可参见"琐碎化"

Belèm, 贝伦 108–110, 140

Benveniste, Emile, 埃米尔·本维尼斯特 51

Blackburn, Robin, 罗宾·布莱克本 105

Blanchelande, 布兰切兰德 91

Blangilly, 布兰吉利 92, 106

bodies. 尸体 *See* traces 参见"遗迹"

Bonaparte, Napoleon, 拿破仑·波拿巴 38, 106

Bonnet, Jean-Claude, 让-克洛德·博纳特 81

Borges, Jorge Luis, 豪尔赫·路易斯·博尔赫斯 144–146

Bossale/Bossales, 博萨尔 40, 67

Boudet, Jean, 让·布德特 42

Bourdieu, Pierre, 皮埃尔·布迪厄 82

Brazil, 巴西 17, 18, 23, 84, 109, 110, 122

Brissot (de Varville), Jean-Pierre, 让-皮埃尔·布里索（德·瓦维尔）87, 90–91

Brown, Jonathan, 乔纳森·布朗 35–36, 61

Brunet, Jean-Baptiste, 让-巴普蒂斯特·布吕奈 42

Cánovas del Castillo, Antonio, 安东尼奥·卡诺瓦斯·德尔·卡斯蒂略 125–127, 128, 132, 135

Carpentier, Alejo, 阿莱霍·卡彭铁尔 32, 36

Cascardi, A. J., 安东尼·J. 卡斯卡迪 148

Cervantes, Miguel de, 米格尔·德·塞万提斯 144, 148, 150

Césaire, Aimé, 艾美·塞泽尔 32, 36, 102

Chichén Itzá, 奇琴伊察 141–142

Christendom, 基督教世界 74, 76, 108, 110–112

Christophe, Henry, 亨利·克里斯托夫 34 (illustration) 插图;

    as ally of Dessalines and Pétion, 作为德萨林和佩蒂翁的盟友 39, 42, 44;

    character of, 的性格 35, 36, 38–39, 60, 62;

    death of, 的去世 60;

    his forts and palaces, 他的城堡和宫殿 31–36, 97;

    historians' views of, 历史学家们的观点 59–64;

    and Jean-Baptiste Sans Souci, 和让-巴蒂斯特·桑斯·苏奇 37, 42–44, 59–61

chronicler: vs. narrator, 编年史家与叙述者 26, 50–51, 55

Citadel Henry, 亨利城堡 31–32, 35, 46, 61, 64

Cole, Hubert, 赫伯特·科尔 61, 64–65

collective guilt, 集体愧疚 145–146, 149, 150

collective identities, 集体认同 16, 139–140

colonialism, 殖民主义 69, 74, 87, 89, 149, 150;

and Columbus's image, 与哥伦布的形象 189;

and Enlightenment, 与启蒙运动 80–83;

in historiography, 在历史编纂中 97–98, 100–102

Columbian Exposition (Chicago,1893), 哥伦布世界博览会（芝加哥，1893）128–137

Columbus, Christopher: 克里斯托弗·哥伦布

his early fame, 他早年的名声 119–120;

his image in Latin America, 他在拉丁美洲的形象 119, 121–122, 134–136;

statue of, 的雕像 154–156;

whitening of, 的白人化 133–134

Columbus, Ohio (town), 哥伦布，俄亥俄州（城镇）132–133

Columbus Day, 哥伦布发现美洲纪念日，哥伦布日 119;

in Latin America, 在拉丁美洲 134–136;

in nineteenth century United States, 在 19 世纪的美国 120–121, 122–124

commemorations, 纪念活动 116, 118–119,124–125, 131, 138, 149

Condorcet, M. J. N. Caritat, Marquis de, 孔多塞 81, 87

constructivist view of history, 建构主义历史观 4–6,10, 12–14, 25

credibility, 可信度 6, 8–13, 14, 52

Crockett, Davy, 大卫·克洛科特 11, 21

da Gama, Vasco, 瓦斯科·达·伽马 108–109

dates: 日期：

as tools of historical production, 作为历史生产的工具 57, 110–114,

116–119, 120–121

Daughters of the Republic of Texas, 得克萨斯共和国之女 9

Declaration of the Rights of Man,《人权宣言》79, 86, 87

Delatour, Patrick, 帕特里克·德拉图尔 62

Derrida, Jacques, 雅克·德里达 145

Dessalines, General Jean-Jacques, 让-雅克·德萨林将军 39–42, 43, 44, 67, 89, 94

El Día de la Raza, 种族日 136

Diderot, Denis, 丹尼斯·狄德罗 81, 82, 85, 87

Dionysius Exiguus, 狄奥尼修斯·伊希格斯 57, 117

Disney, 迪士尼 143–148

Dorsinville, Roger, 罗歇·多桑维尔 72

Du Bois, W. E. B., 威廉·爱德华·伯格哈特·杜波依斯 98, 105

Duchet, Michèle, 米歇尔·杜谢 86

Dumesle, Hérard, 赫拉德·杜梅斯勒 61, 64

Duvalier, Jean-Claude, 让-克洛德·杜瓦利埃 105, 154, 156

Enlightenment: 启蒙运动：
    inconsistencies of, 的矛盾 75–76, 86–87;
    and racism, 与种族主义 78–79, 80–81, 95;
    and slavery, 与奴隶制度 75–78, 83–86, 87–88

Enola Gay, 埃诺拉·盖伊号轰炸机 21

erasure, 擦除 51, 60, 95–97, 102

ethnicity: 种族：
    in Latin America, 在拉丁美洲 121–122, 135–136;

in the United States, 在美国 26–29, 122–124, 130–131, 133–134, 155–156

evidentials, 据索 7–8

facts: 事实：
 creation of, 的创造 26, 28, 29, 114;
 and events, 和事件 48–51;
 "factuality" of, 的"真实性" 2, 3, 10, 12, 21, 128;
 and power, 和权力 115–116;
 tyranny of, 的暴政 145, 151

fake, 赝品 6, 144.
 See also credibility 亦可参见"可信度"

Ferro, Marc, 马克·费罗 20

fiction vs. history, 虚构与历史 6–13, 29, 153.
 See also fake 亦可参见"虚假"

Foucault, Michel, 米歇尔·福柯 28

Frederick II, King of Prussia, 普鲁士君主腓特烈大帝 44–45, 46, 47, 61–62, 64–65

Fressinet, General Philibert, 菲利贝尔·弗雷西内将军 41–42, 48

Furet, François, 弗朗索瓦·傅勒 107

gens de couleur, 有色人种 78, 79

Godinho, Vitorino Magalhaes, 维托里诺·马加海斯·戈迪尼奥 115

Granada, 格拉纳达 38, 111–113

Haitian historiography, 海地的历史编纂，海地历史研究 55, 66–69, 104–106

Haitian independence, 海地独立 34, 37, 40, 44, 68, 89, 94–95

Haitian Revolution: 海地革命

    Congos in, 中的刚果人 40, 41, 59, 60, 67;

    contemporary opinions on, 当代观点 90–95;

    dissidence within, 内部异见 40–44;

    in Haitian historiography, 在海地的历史学中 105;

    ideological novelty of, 的意识形态的新颖性 88–89;

    summary of, 的概括 37–40, 89;

    in world historiography, 在世界的历史学中 98–105

Henry I (King of Haiti). 亨利一世（海地国王）

    See Christophe, Henry 参见"亨利·克里斯托夫"

Henry the Navigator, 恩里克王子（航海家亨利）109

Hieronymites, 希罗尼姆 108, 110

Hiroshima, 广岛 21, 151

hispanismo, 西班牙裔 121, 134

Histoire des deux Indes,《两个印度群岛的历史》81, 85–86

historical production: 历史生产：

    moments of, 的时刻 26, 28, 29, 51–52, 53, 58–59, 144;

    sites of, 的地点 19–22, 25, 52

historicity, 历史性 6, 29, 118;

    and authenticity, 和真实性 150–151;

    of the human condition, 人文状况的 114, 151, 153;

    of non Westerners, 非西方人的 6–8;

and power, 和权力 115–116, 119, 151;

two sides of, 的两面 1–4, 23–25, 106, 115, 118, 139, 148, 150–151

historicity 1 and historicity 2, 历史真实性 1 和历史真实性 2 29, 106, 115, 118

Hobsbawm, Eric, 艾瑞克·霍布斯鲍姆 99

Holocaust, The, 大屠杀 11–13, 19, 96, 147, 149, 150, 151

Hume, David, 大卫·休谟 80

Ibn Khaldhún, 伊本·赫勒敦 7

Knights of Columbus, 哥伦布骑士团 123, 134

Ku Klux Klan, 三 K 党 146, 148

La Barre (colonist), 拉·巴雷（殖民者）72, 106

Lacroix, François Joseph Pamphile de, 弗朗索瓦·约瑟夫·庞菲勒·德·拉克鲁瓦 60

Las Casas, Bartolomé de, 巴托洛梅·德·拉斯卡萨斯 75, 85

Latin America, 拉丁美洲 94, 119, 121–122, 127, 129, 134–135

Leclerc, Charles Victor Emmanuel, 夏尔·维克多·伊曼纽尔·勒克莱尔 38–43, 47, 48, 94, 106

Leconte, Vergniaud, 维尼奥·勒孔特 61–62

Lipstadt, Deborah, 黛博拉·利普斯塔特 12

Louverture, Toussaint: 杜桑·卢维杜尔

    as black Spartacus, 黑皮肤的斯巴达克斯 85;

    capture of, 的被捕 39, 57;

proclamations of, 的宣言 89, 93;

   as revolutionary leader, 作为革命的领袖 37–38, 40–41, 54, 67, 68, 93, 94;

   writings on, 书写 71, 102

Madiou, Thomas, 托马斯·马迪欧 105
Makaya (revolutionary leader), 马卡亚（革命领袖）43, 67
Marat, Jean-Pierre, 让-皮埃尔·马拉特 87
memory model, 记忆存储模型 14–15
Ménard, Pierre, 皮埃尔·梅纳尔 144, 146, 148, 150
Michelet, Jules, 儒勒·米什莱 3, 101
Mirabeau, Count of (Honoré Gabriel Riquetti), 米拉波伯爵（奥诺雷·加布里埃尔·里奎蒂）78–79, 81
movies, 电影 20, 21–22, 25, 136, 137
museums, 博物馆 20, 52, 137

naming and power, 有权命名，命名和权力场 114–115, 138, 139
narratives: 叙述

   creation of, 的创造 26;

   and power, 和权力 27–28;

   production of, 的生产 13–14, 22;

   and silences, 和沉默 48, 50, 53–58

narrators, 叙述者 19, 45, 153;

   as actors, 作为行动者 2, 22–24, 140, 146, 149, 150–151;

   assumptions of, 的假设 103;

choices of, 的选择 53, 57–58;

and chronicler, 和编年史家 50

Péralte, Charlemagne, 查理曼·佩拉尔特 155

Pétion, General Alexandre, 亚历山大·佩蒂翁将军 39, 40, 42, 43, 44, 67, 94

positivist view of history, 实证主义历史观 4–6, 145, 151, 153

Pressac, Jean-Pierre, 让-皮埃尔·普雷萨克 12

presentism, 当下主义 148, 152

quadricentennial (Columbian): 四百周年纪念（哥伦布纪念）

in Spain, 在西班牙 125–127.

In United States, 在美国

see Columbian Exposition 参见"哥伦布纪念博览会"

Quincentennial (Columbian), 五百周年纪念庆典（哥伦布纪念）21, 116, 118, 126, 133;

controversies surrounding, 相关的争议 21, 114, 131–132, 136–140

racism: 种族主义：

anti-Italian (in the United States) 反意大利的（在美国）133;

and Enlightenment, 和启蒙运动 78–81, 95;

and French historiography, 和法国史学 101;

and French Revolution, 和法国大革命 100;

and Haitian Revolution, 和海地革命 87, 98;

perpetuation of (in the United States), 的延续（在美国）19, 71,

147–148;

scientific, 科学化的 77–78, 84, 95, 122;

and slavery, 和奴隶制度 51, 77–80

Raynal, Abbé, 雷纳主教 81, 82

reconquista, 收复失地运动 111, 113

remains, 遗迹

as traces, 作为痕迹 42, 142, 147;

of Columbus, 哥伦布的 121;

of da Gama, 达·伽马的 108–109;

of Frederick II, 腓特烈二世的 45;

of Sans Souci, Jean Baptiste, 让–巴蒂斯特·桑斯·苏奇的 47

Renaissance, 文艺复兴 75, 77, 78, 95, 106, 113

resistance: 反抗：

as metaphor, 作为隐喻 83–84.

See also slave resistance 亦可参见"奴隶反抗"

Resnick, Daniel P., 丹尼尔·P. 雷斯尼克 101

Ritter, Karl, 卡尔·李特尔 35, 63–64

Robespierre, Maximilien de, 马克西米利安·德·罗伯斯庇尔 87

Royal-Dahomets, 皇家达荷美 66

Sahlins, Marshall, 马歇尔·萨林斯 26

Sala-Molins, Louis, 路易斯·萨拉-莫林斯 79, 88, 102

San Antonio (city), 圣安东尼奥（市）9

San Antonio de Valero (Mission), 圣安东尼奥·德·瓦莱罗（传教站）

1, 9, 10

Sans Souci, Jean Baptiste: 让-巴蒂斯特·桑斯·苏奇

 body of, 的遗体 45, 47;

 and Haitian elites, 和海地的精英 66–69;

 in historiography, 在历史学中的 21, 57–61, 65–66;

 life of, 的生命 40–44

Sans Souci–Milot: 米洛特无忧宫

 described, 被描述的 33–37; 45–46;

 design and building of, 的设计和建造 44, 61–62;

 and Haitian elites, 和海地精英 66–69;

 in historiography, 在历史学中的 55, 59, 61–66

Sans Souci–Potsdam, 无忧宫—波茨坦 44, 45–46, 55;

 and Haitian elites, 和海地精英 66–69;

 in historiography, 在历史学中的 61–66

Santa Anna, Antonio López de, 安东尼奥·洛佩斯·德·桑塔·安纳 1–2, 9

Schwartz, Stuart, 斯图尔特·施瓦兹 122

slave resistance: 奴隶反抗

 European attitudes toward, 欧洲所持的态度 91–93;

 as metaphor, 作为隐喻 83–84, 86, 87;

 philosophers' attitudes toward, 哲学家们的态度 84–85;

 planters' attitudes toward, 种植园主们的态度 72–73, 83–84

slavery: 奴隶制度：

 in the Americas, 在美洲地区 13, 16–18, 57;

 and Disney, 与迪士尼 143–148;

and the Enlightenment, 与启蒙运动 75–78, 83–86, 87–88;

and French Revolution, 与法国大革命 37, 78–79, 92, 101;

in historiography, 在历史学中 19, 23, 96, 98, 107;

as metaphor, 作为隐喻 85–86;

and plantation records, 与种植园记录 50–51;

planters' attitudes toward, 种植园主们的态度 71–73, 83–84;

and racism, 与种族主义 77–80, 81, 83–84;

relevance of, in the United States, 在美国的关联性 17–19, 70–72, 96–97, 146–147, 149

Société des Amis des Noirs, 黑人之友协会 81, 86–87, 90, 101

Sonthonax, Léger Félicité, 莱格尔·费利西特·桑托纳克斯 93, 104

sources: 史料:

    creation of, 的创造 26, 27, 29, 51, 52;

    and facts, 和事实 6;

    and power, 和权力 27, 52;

    and significance, 和意义 47;

    silences in, 中的沉默 27, 48–51, 58–59

Stein, Robert, 罗伯特·斯坦 104

Stor, Angel, 安吉尔·斯托 127

Styron, William, 威廉·斯泰伦 143–147

subjects (in history), 主体（在历史中）16, 23, 24, 139, 140

Sylla (revolutionary leader), 西拉（革命领袖）43, 67

television, 电视 21, 137, 148

Thibau, Jacques, 雅克·蒂博 79

Todorov, Tzvetan, 茨维坦·托多罗夫 5, 79

traces, 痕迹 1, 9, 55, 114, 129, 130;

    materiality of, 的物质性 29–30, 31–33, 45–47, 48

traditions, 传统 124–125

trivialization, 琐碎化 147–148.

    See also banalization 亦可参见"庸常化"

Trouillot, Hénock, 埃诺克·特鲁约 59

Vastey, Pompée Valentin, Baron de, 庞贝·瓦伦丁·德·瓦斯蒂男爵 36, 97

Vidal-Naquet, Pierre, 皮埃尔·维达尔-纳凯 12, 149

"The West":"西方":

    historical origins of, 的历史起源 74–75

White, Hayden, 海登·怀特 13

译后记

2020年7月，正当新冠疫情肆虐全球时，时任美国总统特朗普在美国独立日当天发表讲话："我们将捍卫、保护以及维护美国式的生活方式——从1492年哥伦布发现美洲大陆开始的那种方式。"话音未落，马里兰州巴尔的摩市的一座哥伦布雕像被示威者推倒，之后波士顿、芝加哥、迈阿密、里士满等许多大城市的哥伦布雕像陆续或被推倒，或遭破坏。作为《沉默的过去》一书的译者，我立刻想到了本书结尾的那段话："无论如何，当附近贫民窟地区愤怒的人群沿着哈里·杜鲁门大道游行时，他们把哥伦布的雕像从基座上取下来，扔进了大海。"哥伦布雕像在美洲的命运，似乎在被崇拜了近500年的时光后，又进入了另一个轮回。

于是，在这本书终于要出版的当下，作为译者的我也不禁想感慨几句，同时也想交代一下本书的翻译历程。

2018年8月，我前往英国伦敦大学皇家霍洛威学院开始为期一年的访学经历，陪我一同出发的除了两大箱行李，还有这本书的翻译稿。当我登上飞机，离开浦东国际机场时，这本书的翻译只完成了第一章。在英国的一年里，除了我自己在历史地理学专业的访学任务之外，我也在进行着这本书的翻译，并在2019年上半年完成了译著的初稿。在交付译稿之后，便赶上了一直延续至今的新冠疫情。

在英国的一年，我亲眼见证了英国与国际社会的政治经济变动，伊朗扣留英国油轮、英国首相从特雷莎·玛丽·梅换为鲍里斯、英国完成硬脱欧等。我在与合作导师及英国的一些学者的交流中，大家或多或少会提到这些事件，虽然当时感觉世界正进入一个新的动荡时期，但所有这一切似乎都没有2020年初开始的新冠疫情对全球历史进程的影响大。结合这本书的翻译，我时常想，这些曾经对世界造成巨大影响的历史事件，哪些会在何种情形下进入历史，成为影响后世的"正史"？现在看来，似乎仍然没有到下定论的时刻。

历史是什么？历史是如何形成的？这些问题是每一位历史学专业的学者、学生都要面临并试图回答的。许多史学家都先后投入对这个问题的探讨之中，本书要回应的也是这样一个宏大的问题。特鲁约作为一名海地裔的美国历史学者，其著作至今尚未有被译为中文者；2014年，清华大学的彭刚教授在发表于《史学史研究》的一篇论文中，提到了特鲁约的研究，并将这本书视为当前欧美历史学界比较流行的历史记忆研究领域的一项重要成果。至于特鲁约对海地革命这一历史事件中许多具体史实的记载与分析，则可以看作史学理论在研究领域的一种实践，其中的精彩之处，期待诸位读者自己去发现，毕竟每个人心目中都会有一个哈姆雷特，对史学理论的理解自然也不能例外了。

本书的英文名称是 Silencing the Past: Power and the Production of History，本人在翻译时发现，Silencing 其实是以一个动名词的形式出现的，但在实际的翻译过程中，由于中英文之间的表述差异，若要突出这种动名词的特征，难度还是比较大的，因此，在最后定名时，仍然以"沉默的过去"为名。副书名"权力与历史生产"其实也有多重理解，究竟是"权力"与"历史生产"，还是"权力与历史""生产"，在英文中不成为问题的词句，一旦被翻译成中文，其实差异还是非常大的。由于自己能力所限，所造成的上述不得已，尚祈读者知照并包涵。

本书的出版有赖于中信出版集团的大力支持。还要特别指出的是，本书能够最终与读者见面，尤其感谢各位编辑。于我而言，虽然出身历史学专业，但对这个遥远的加勒比海上的岛国的理解，仍然远远不够。因此，在翻译的过程中，面对西班牙语、法语等陌生语种的历史背景，我时常深感无力。各位编辑给予我许多无私的帮助，除了文字处理工作之外，还包括寻找原始史料、整理相关研究、纠正一些史实错误各个方面。可以说，如果没有各位编辑的努力与付出，本书的完成和出版是不可想象的，在此特向他们表示最诚挚、最深切的感谢！

本书的翻译，还要特别感谢我在英国访学期间的一些学者和同学，尤其是合作导师伦敦大学皇家霍洛威学院历史系蔡维屏教授和蔡教授的爱人 Tom，感谢两位的热情帮助和指导，我的研究历程也因此增添了非常有意义的一段时光。同时也非常感谢 London Group of Historical Geographers 的各位学界同仁，特别是 Innes Keighren、Miles Ogborn、Felix Driver 等，以及同在皇家霍洛威学院访学的马海韵、胡朝雯、吕华众、李岩、周伟等老师，谭达贤、戚云亭、张爽、张硕等博士的指导和协助，并感谢房东 Annie，和同为房客的来自世界各地的朋友们。

我非常兴奋并忐忑地把译著成果展示给学界及大众，同时，我也深知自己学术功底及外语能力有限，无法达到严复先生"信、达、雅"的要求。不过，在翻译过程中，我仍然坚持首先要尽量准确地表达原著的文意，在此基础上兼顾达、雅。当然，其效果如何，尚待读者评定，欢迎学界及社会同仁多多提出批评修改意见和建议，不胜欣喜之至！

武强

2022 年 10 月 25 日

于博格达峰下